PARIS
100 SORTIES
COOL
AVEC
LES ENFANTS

PARIS
100 SORTIES
COOL
AVEC
LES ENFANTS

Isabelle Calabre

Paris est à nous !
PARIGRAMME

Tous nos efforts pour vous donner la meilleure information possible n'empêcheront jamais la Terre de tourner et certaines adresses de changer entre le moment où nous mettons sous presse et celui où vous tiendrez ce guide entre vos mains. N'hésitez pas à nous écrire pour nous faire part de vos remarques : parisestanous@parigramme.fr

Collection dirigée par Sandrine Gulbenkian et Jean-Christophe Napias

Sommaire

Introduction

Entre une capitale suréquipée en matière de loisirs et de culture, des moins de 15 ans avides de distractions et des parents débordés en quête récurrente de bons plans pour le week-end, il manquait un guide simple, pratique et hyper sélectif, qui fasse de chaque sortie familiale un plaisir partagé. C'est dans ce but qu'ont été choisis les cent et quelques lieux parisiens sélectionnés dans ce livre.

Qu'il s'agisse de monuments, de musées, de cinémas, de parcs, de jardins, de promenades, d'espaces sportifs ou culturels, de spots pique-nique ou de cafés "kids friendly", tous sont abordés exclusivement sous l'angle qui intéressera le plus les juniors, et les adultes les accompagnant.

Pour rendre la consultation plus pratique, les adresses ont été répertoriées par arrondissement. Pour chacun d'entre eux, des propositions tant à l'intérieur qu'en extérieur permettent de s'adapter à la capricieuse météo parisienne. Voici donc un précis des sorties familiales qui permettra de répondre, en toutes circonstances, à l'éternelle question du dimanche : "On fait quoi, cet aprèm' ?"

1er
ARRONDISSEMENT

CONCIERGERIE

Palais de la Cité • 2, boulevard du Palais, 1er
M° Cité, Châtelet ou Saint-Michel
Tél. 01 53 40 60 80 • Tous les jours de 9h30 à 18h

Visite guidée à 11h et 15h • Adultes : 8,50 € • - 18 ans : gratuit
Billet Conciergerie + Sainte-Chapelle • Adultes : 12,50 €

conciergerie.monuments-nationaux.fr

La prison de la Reine

Aller visiter une prison ? Brrr... Peu engageant. Mais si l'on annonce que l'on va admirer le plus ancien palais parisien, jadis considéré, sous le règne de Philippe le Bel, comme le plus somptueux d'Europe, la sortie devient plus plaisante ! Dès la façade, les quatre massives tours d'enceinte et la partie basse – entre l'entrée monumentale et la tour de l'Horloge (le reste date du XIXe siècle) – plongent le visiteur en plein Moyen Âge. À l'intérieur, on imagine sans peine la très vaste salle des Gens d'armes, réfectoire et dortoir des serviteurs du roi, grouillant de quelque 2 000 personnes. Au fond à droite, la salle des Gardes servait d'antichambre aux appartements royaux, situés à l'étage. À la fin du XIVe siècle, la forteresse est reconvertie en siège du Parlement et en prison, placée sous la surveillance d'un concierge, d'où son nom. C'est pendant la Révolution, sous la Terreur, qu'elle va connaître sa plus forte activité, avec 2 700 condamnés à mort entassés dans ses murs. Au fond à gauche, un parcours avec des personnages de cire façon Grévin reconstitue le quartier des prisonniers. D'abord le bureau vitré du concierge, celui du greffier avec son registre et, au premier étage, trois cachots de 5 m² à peine. Les pailleux (les plus pauvres) s'y entassaient à plusieurs, les pistoliers les partageaient à deux ou trois et les plus riches y profitaient d'un vrai lit et d'une meilleure nourriture. Au mur est suspendu le couperet de la guillotine, dont la lame pèse 10 kg. Impressionnant ! Après la traversée de la chapelle royale, dite des Girondins, de la chapelle expiatoire construite à la demande de Louis XVIII sur l'emplacement du cachot de Marie-Antoinette et de la cour des femmes réservée aux promenades, la visite s'achève par la cellule reconstituée de Marie-Antoinette. Derrière la porte surbaissée forçant la reine à courber la tête en signe d'humilité, un lit, une table et un mannequin, la tête couverte d'un voile de deuil. À ses côtés, trois gardes jouent aux cartes. Au mur, des lambeaux d'un papier peint décoré de fleurs de lys, symbole de la monarchie. Le centre de détention n'a fermé ses portes qu'en 1914, pour devenir un monument historique ouvert au public.

● **Malin !**
Au premier étage, une minividéo résume les principaux épisodes de la Révolution.

FORUM DES IMAGES

Forum des Halles • 2, rue du Cinéma, porte Saint-Eustache, 1er
RER Châtelet-Les Halles • Tél. 01 44 76 63 00
Du mardi au vendredi de 12h30 à 21h, samedi et dimanche
de 14h à 21h

Accès et visionnage en salle des collections : 6 €
(4 € pour les - 12 ans) • Réservation d'un salon : 15 €

"Après-midi des enfants" mercredi et samedi à 15h

forumdesimages.fr

La star, c'est Paris !

Envie de voir un bon classique en famille, dans des
conditions professionnelles, mais avec l'intimité de
la maison ? Pensez au Forum des Images. Rénové,
repensé, retrouvé, il a rouvert ses portes, après trois ans
d'absence et avec une offre encore plus séduisante. Par
exemple, cette possibilité donnée à tout groupe librement constitué jusqu'à six ou sept personnes de louer
un salon de projection, qu'on aura pris soin de réserver assez tôt, pour y visionner le film de son choix à un
prix défiant la concurrence de tous les multiplexes ! Du
côté des valeurs sûres, on retrouve aussi les célèbres
"Après-midi des enfants" et leurs bonus très appréciés :
avant la séance, un invité présente le film ; pendant, des
rehausseurs sont à disposition et, en sortant, après un
minidébat, un goûter est distribué à tous les enfants.

Paris à hauteur d'enfant

Rageant de visiter la capitale en passant, faute de guide, à côté de sites inestimables. La solution ? Les nouveaux circuits de découverte parisiens, version enfant. Plus que des visites guidées, des jeux de piste culturels.

L'association **Paris d'enfants** propose la visite en famille des principaux sites ou quartiers sous la houlette d'un guide. Les participants reçoivent un minilivret d'activités adapté à leur âge (dès 5 ans) et répondent au fur et à mesure du parcours aux questions posées, grâce au récit simple et vivant dispensé en chemin.

Paris historique offre aux plus de 10 ans de véritables visites-conférences sur le Marais, le Louvre médiéval ou à la maison du Fontainier, réservée le reste de l'année aux visites scolaires. Un propos pédagogique, en accord avec la mission de l'association créée en 1963 pour la sauvegarde du patrimoine architectural parisien.

Ceux qui veulent s'aventurer en solo se procureront les jeux de piste de l'association **Muses et musées**. Versailles, Louvre, Notre-Dame, musées Nissim-de-Camondo et Rodin, Conciergerie, Sainte-Chapelle, tour Eiffel et Saint-Sulpice se visitent livret à la main. Le carnet fourni aux parents permet de répondre aux questions, énigmes et devinettes.

Enfin, les curieux d'explorations urbaines et subur-
baines en tout genre s'inscriront aux activités organisées par **Nature & Découvertes**. Des visites ludiques
de sites et jardins parisiens jusqu'aux balades commentées dans les proches forêts d'Île-de-France à la
découverte de la faune et de la flore, dépaysement
programmé.

Paris d'enfants
Tél. 01 48 74 92 80 • parisdenfants.com

Paris historique
Tél. 01 48 87 74 31 • paris-historique.org
Visite en famille sur réservation • Visites-conférences
sur réservation

Muses et musées
Tél. 06 78 48 99 49 • musesetmusees.com

Nature & Découvertes
natureetdecouvertes.com (adhésion préalable obligatoire)

HAPPY FAMILIES

5, rue du Cloître-Saint-Merri, 1er • RER Châtelet-les-Halles
ou M° Rambuteau • Tél. 01 40 29 89 99 • Du lundi au vendredi de 8h
à 20h et de 10h à 20h le samedi et le dimanche

Espace garderie : 4,50 €/h • Atelier d'1h : 9 à 15 €
selon formule choisie

happyfamilies.fr

Pour parents heureux !

Quatre cent cinquante m² dédiés aux enfants et à leurs parents, en accès continu et tous les jours, voilà qui justifie l'appellation de "1er lieu pour parents heureux". La formule combine espaces de jeu et ateliers pour les 0-10 ans, et services pour ceux qui les accompagnent, du barbier à la manucure en passant par les massages, le coaching professionnel et la restauration en famille. Côté bambins, deux formules : en libre accès dans une salle de 10 m² (seulement !) attenante au bar, ou sur réservation dans une aire d'activité indoor payante, animée par un personnel qualifié qui propose des activités manuelles, d'éveil ou ludiques. Si l'on ajoute à cela de nombreux ateliers hebdomadaires, – de l'anglais au loisir créatif pour les juniors ou le Pilates pour leurs parents –, des packs anniversaire à la carte, et le week-end un brunch très couru (réservation impérative), on comprend que le lieu fasse le plein !

Jardin des Tuileries

Accès par la place de la Concorde ou la rue de Rivoli, 1er
M° Tuileries ou Concorde • Tous les jours de 7h30 à 19h30
Accès libre
paris.fr

Pas d'inspiration ce dimanche ? Allez donc aux Tuileries !
Entre le manège de chevaux de bois, les promenades à
dos de poney, les petits bateaux du bassin est, les grandes
allées où s'entraîner à faire du vélo sans roulettes et les aires
de jeux, même pauvrettes, il y aura bien de quoi amuser
les 2-7 ans pendant des heures. Les parents, de leur côté,
profiteront du charme Grand Siècle d'un jardin à la française
dessiné par Le Nôtre et qui fut, lors de son ouverture aux
"honnêtes gens" par Louis XIV, le premier jardin public
parisien. Ou bien ils prendront le temps d'admirer les
sculptures en plein air qui ponctuent les allées, dont les
copies des célèbres Chevaux de Marly. Chaque été, les
Tuileries se transforment tant bien que mal en une vaste fête
foraine avec grande roue qui fait les délices des ados.

Jardins du Palais-Royal

Accès par la place du Palais-Royal ou la rue de Beaujolais, 1er
M° Palais-Royal-Musée-du-Louvre, Pyramides ou Bourse
Accès libre
paris.fr

Ancienne propriété de Richelieu puis du duc d'Orléans, le Palais-Royal a plus l'allure d'un jardin de ville policé que celle d'un espace vert où s'ébattre librement. Pourtant, il est très populaire auprès des enfants. Bébés, ils y jouent dans le petit bac à sable au nord, devant les parterres de fleurs, à condition de prévoir un chapeau, car le soleil tape vite. Plus grands, ils courent autour du bassin, s'essaient au vélo à petites roues ou se livrent à de joyeuses parties de ballon dans les allées ombragées. À moins qu'ils ne préfèrent slalomer, rollers aux pieds, entre les colonnes de Buren dans la cour d'honneur, au sud. Pendant ce temps, leurs parents se reposent tranquillement sur les chaises longues métalliques en regardant monter et descendre le jet d'eau central.

MUSÉE DU LOUVRE

Accès par la rue de Rivoli, 1er • M° Palais-Royal-Musée-du-Louvre
Tél. 01 40 20 50 50 • Lundi, jeudi, samedi et dimanche de 9h à 18h,
mercredi et vendredi jusqu'à 21h45

Adultes : 12 € • - 18 ans : gratuit

louvre.fr

Le palais aux cent mille merveilles

Le plus grand musée du monde ne se résume pas en une phrase, ni en une visite. Et vouloir "faire" le Louvre en une journée, c'est s'ôter à jamais l'envie d'y revenir. Pour éviter l'indigestion, le mieux est donc de découper le musée en tranches, par thèmes. Voici donc un florilège d'idées de balades au Louvre, dans lesquelles piocher au fil d'une année.

Indispensable pour commencer et tout comprendre de l'histoire de ce berceau des rois de France, le circuit du **Louvre médiéval**. Un parcours à rebrousse-temps jusqu'aux dernières années du XIIe siècle, lorsque le roi Philippe Auguste fait édifier une première forteresse défensive, transformée deux siècles plus tard par Charles V en résidence royale. On part sur leurs traces dans les sous-sols du musée, à 7 m sous le niveau de la rue. Dans une lumière subtilement tamisée, on marche sur les douves séculaires, entre l'ancien mur d'enceinte et celui du château, jusqu'au monumental donjon dont subsistent encore des murs de 6 m de haut. Une expérience magique.

Dès la première question sur les pyramides, on revient, cette fois à l'assaut de la section **Égyptologie**. Riche des trésors rapportés par Napoléon Ier lors de ses campagnes militaires, elle comprend principalement deux circuits, l'un, thématique, au rez-de-chaussée, l'autre, chronologique, à l'étage. La présentation très pédagogique, surtout au rez-de-chaussée, est accessible à tout âge. Objets de la vie quotidienne, maquettes et fresques narratives racontent mieux qu'un livre d'histoire une civilisation millénaire. Parmi les haltes indispensables, ne pas manquer la salle 6, dédiée à l'écriture et à Champollion, la reconstitution d'un temple, salle 12, la salle des sarcophages et celle des momies, humaines ou animales, salle 19. Sans oublier, à l'étage, salle 22, le très célèbre Scribe accroupi ni, salle 25, le buste d'Akhénaton, ou Aménophis IV, et de son épouse Néfertiti. On réserve pour une autre visite le département des **Antiquités orientales**, plus spectaculaire que ne l'indique son nom austère. Même les plus jeunes ne manqueront pas d'être ébahis devant la cour de Khorsabad et ses taureaux de 4 m de haut à tête d'homme et corps d'oiseau, ou par la frise des Archers du palais de Darius à Suze. Toujours dans le monumental, on se consacre la fois suivante à la **sculpture française**, magnifiquement exposée dans les cours couvertes Marly et Puget. Après avoir admiré les groupes sculptés de Coustou, Coysevox, Puget et Desjardins, on poursuit aile Richelieu avec quelques *musts*, comme le tombeau de Philippe Pot, porté par huit pleurants à capuche noire, et la fontaine de Diane de Poitiers, sur laquelle est couchée la "Chasseresse". On termine aile Sully avec la salle des Caryatides, chef-d'œuvre Renaissance dû à Jean Goujon. Côté peintures, on frappera les esprits avec un premier repérage sur les pas de **Léonard de Vinci** : *La Joconde*, bien sûr – le spectacle est autant dans la salle bourrée de touristes que sur la toile –, mais aussi le *Saint Jean-Baptiste* et *La Vierge à l'Enfant*.

Le même jour, on s'attardera devant *Les Noces de Cana* de Véronèse, le plus grand tableau du musée avec ses 10 m de large et ses 130 personnages. Amusez-vous à les compter !

Enfin, à l'âge des premières curiosités sur Napoléon Ier, on viendra prendre une leçon d'histoire au **département des Peintures**. David et son gigantesque *Sacre*, Gros et ses *Pestiférés de Jaffa*, Géricault et ses fiers militaires à cheval racontent autant d'épisodes d'un Empire à la légende facile. À vous de nuancer ces tableaux hagiographiques en racontant les dessous moins glorieux de l'épopée napoléonienne.

Après ces incontournables, il ne vous reste plus qu'à vous lancer à l'assaut des salles des Arts premiers, des Antiquités romaines, de la peinture flamande ou française du XVIIe siècle, à moins que vous ne préfériez aborder autrement des thèmes d'actualité en explorant le tout nouveau et superbe **département des Arts de l'Islam**... De quoi occuper chaque dimanche de l'année !

● **Malin !**

Quel que soit le parcours choisi, n'oubliez pas de saluer au passage les deux statues les plus célèbres du Louvre, la Victoire de Samothrace et ses ailes déployées, escalier Daru, et la Vénus dite de Milo, aile Denon, perfection de la beauté classique.

MUSÉE EN HERBE

21, rue Hérold, 1er • M° Étienne-Marcel
Tél. 01 40 67 97 66 • Tous les jours de 10h à 19h, le jeudi jusqu'à 21h

Entrée : de 6 à 10 € • "Z'ateliers" : 10 €

musee-en-herbe.com

L'art est un jeu d'enfant

Après trente ans dans le 16e arrondissement, le musée a déménagé il y a une décennie au cœur de Paris, en gardant le principe qui a fait son succès : permettre aux très jeunes de se familiariser à l'art, grâce à quelques pièces originales ou à des reproductions grand format de toiles célèbres, selon les artistes exposés, qui deviennent support d'activités et de jeux d'observation. On conseille les visites-ateliers à pratiquer dès 2 ans et demi, à quatre mains avec un parent. Ces derniers ont également droit à des visites agrémentées de thé ou d'apéro festif. De quoi s'initier en s'amusant, à tout âge !

SAINTE-CHAPELLE

6, boulevard du Palais, 1er • M° Cité, Châtelet ou Saint-Michel
Tél. 01 53 40 60 93 • Tous les jours de 9h30 à 18h de mars à octobre,
de 9h à 17h de novembre à février

Adultes : 8,50 € • - 18 ans : gratuit
Billet Sainte-Chapelle + Conciergerie • Adultes : 12,50 €
- 18 ans : gratuit

sainte-chapelle.monuments-nationaux.fr

Les plus beaux vitraux du monde

Ne dites pas aux enfants qu'ils vont voir une église, mais promettez-leur, à condition de venir par temps clair et muni de jumelles, un festival de couleurs. Car la Sainte-Chapelle, c'est d'abord ça : un éblouissement visuel devant un ensemble de vitraux de 16 m de haut racontant, à la façon d'une gigantesque BD, les épisodes de la Bible. Ils ornent les murs de la chapelle haute, écrin gothique abritant de précieuses reliques rapportées de croisade par Louis IX (Saint Louis). C'est pour leur offrir un lieu digne d'elles que le roi très chrétien fit bâtir entre 1246 et 1248, sous la direction probable de l'architecte Pierre de Montreuil, cet ensemble superposé de deux chapelles, basse et haute. Consacrée à la Vierge, dont la statue orne le trumeau du portail, la chapelle basse était ouverte aux gens de la maison du roi et aux courtisans. Le souverain et sa famille venaient se recueillir au niveau supérieur, que l'on rejoint par un escalier intérieur percé de meurtrières. Là, émerveillement garanti, d'autant que tous les vitraux viennent de faire l'objet d'une minutieuse campagne de nettoyage et de restauration. Ceux de la grande rosace ouest et des murs latéraux sont parmi les plus anciens et les plus beaux de la capitale. Métaphore de la parole divine éclairant les hommes, leurs 1 113 panneaux, dont 713 du XIIIe siècle, dégagent une extraordinaire impression de légèreté et de lumière.

● **Malin !**

Les lancettes, ou petites baies, se lisent de gauche à droite et de bas en haut.

Terrain d'aventures du jardin Nelson-Mandela

1, rue Pierre-Lescot, 1er • RER Châtelet-les-Halles
Tél. 01 40 28 96 79 • Tous les jours sauf lundi, dimanche matin,
et en cas d'intempéries à 10h,
fermeture entre 17h et 20h selon les saisons
Accès libre
sempariseine.fr

Ici, les enfants sont rois. De 7 à 11 ans, ils sont d'ailleurs les seuls admis dans cette aire de jeu new-look qui s'étend sur 2 500 m^2 à l'arrière de la Bourse de commerce. À l'intérieur, les attendent plusieurs micro-paysages aux reliefs variés, conçus pour leur épanouissement ludique et créatif. De l'eau jaillissant des quatre coins d'un globe fontaine, une plaine à ballons où l'on peut aussi jouer au frisbee, une caverne pour se cacher, creusée dans une butte à escalader, des toupies, des trampolines et un toboggan géant, de drôles de passerelles et des "mégamachines" pour se balancer ou rêver : il y en a pour tous les goûts. Sans oublier les bornes interactives proposant des jeux de piste, à suivre grâce à des bracelets à puce... Un vrai paradis, auquel 100 privilégiés accèdent sur réservation pour une heure, à condition d'avoir retiré le jeton sésame 20 minutes avant le rendez-vous. À fréquenter sans modération !

2e
ARRONDISSEMENT

LES ÉTOILES DU REX

Le Grand Rex • 1, boulevard Poissonnière, 2e • M° Bonne-Nouvelle
Tél. 01 45 08 93 58 • Du mercredi au dimanche et jours fériés
de 10h à 19h, tous les jours pendant les vacances scolaires
Départ toutes les 5 min par petits groupes
Visite-découverte le 1er dimanche du mois à 10h

Les Étoiles du Rex • Adultes : 11 € • - 18 ans : 8 €

legrandrex.com

L'envers du décor

Amateurs de cinéma d'action, fans de grand spectacle, gourmands d'émotions, le Grand Rex vous attend. Non pour voir le dernier *blockbuster* de la saison – encore que sa projection chaque automne, précédée de la Féerie des eaux, reste un grand moment du cinéphile junior –, mais pour découvrir, derrière l'écran, les secrets du septième art. Forte de son titre de plus grand cinéma d'Europe depuis 1932, la salle a concocté un trajet entièrement automatisé et récemment rénové, qui mène les visiteurs d'abord au sous-sol, pour écouter l'histoire du cinéma, puis derrière la scène, dans un ascenseur transparent s'élevant le long de l'écran, et enfin dans les coulisses, jusqu'aux cintres – attention à l'attaque surprise ! Toujours guidé par une voix "invisible", on entre ensuite dans la cabine de projection, l'espace des bruitages, le studio d'enregistrement et la salle des effets spéciaux, histoire de tester en *live* quelques-uns des trucages utilisés sur un plateau.

Repos mérité, pour finir, dans la salle de projection, où, sur les images d'un vieux western, on a la surprise de se reconnaître à l'écran, le visage incrusté sur celui des acteurs. En 50 minutes menées tambour battant, on a ainsi parcouru tous les métiers du cinéma, découvert les coulisses de la salle et éprouvé une vaste gamme d'émotions. Une vraie tranche de plaisir, à partager en famille.

● **Malin !**
À la sortie, on peut acheter le DVD de "son" film. Idéal pour une fête d'anniversaire.

TOUR JEAN SANS PEUR

20, rue Étienne-Marcel, 2e • M° Étienne-Marcel
Tél. 01 40 26 20 28 • Du mercredi au dimanche de 13h30 à 18h

Adultes : 5 € • Enfants : 3 €

tourjeansanspeur.com

À l'assaut du Moyen Âge

Voici l'un des secrets médiévaux les mieux gardés de la capitale. Dommage, si l'on songe que cet édifice de 27 m de haut est le seul témoignage parisien d'architecture civile fortifiée. Sa taille modeste le met exactement à la mesure des enfants, auxquels il offre une plongée courte, mais suggestive, dans l'un des chapitres les plus complexes de l'histoire du xve siècle. La tour est en effet le dernier vestige de l'hôtel de Bourgogne, résidence parisienne du duc Jean, qui fut régent du royaume de France entre 1409 et 1419, après avoir fait assassiner son cousin le roi Charles VI. Elle est traversée en son centre par un magnifique escalier à vis et en colimaçon qui dessert les différents niveaux. On pénètre ainsi successivement à l'entresol, dans la salle haute de 10 m au plafond de style gothique avec ses "graffitis" laissés par les tailleurs de pierre, dans la chambre de l'Écuyer avec ses latrines (!), puis, de là, dans la chambre dite de Jean sans Peur. Aucune pièce n'est meublée, mais toutes accueillent des panneaux pédagogiques illustrés sur la vie au Moyen Âge, que complète une exposition temporaire au rez-de-chaussée. Pour rendre la visite encore plus plaisante, un livret-jeu destiné aux 7-12 ans est distribué à l'accueil.

3e ARRONDISSEMENT

GAÎTÉ LYRIQUE

3 bis, rue Papin, 3e • M° Réaumur-Sébastopol • Tél. 01 53 01 52 00
Ouvert du mardi au samedi de 14h à 20h et le dimanche de 12h à 18h

Ateliers "Appli'quons-nous" : gratuit • Ateliers "Contes de la Gaîté" :
5 € • Ateliers "Mamie foodie" : 10 € par duo parent-enfant

gaite-lyrique.net

Musée 2.0

Dédiée aux cultures numériques et aux musiques actuelles, la Gaîté Lyrique, ancien temple de l'opérette au XIXe reconverti en 2011, n'est pas réservée aux seuls geeks ! Ses 11 000 m^2 intérieurs entièrement réaménagés offrent aux familles, outre un très tentant espace jeu vidéo en accès libre, une riche palette d'activités ludiques. Version tradi, ça donne une séance cuisine en duo parent-enfant de 8 à 12 ans animée par une "Mamie foodie" initiant aux cuisines du monde, des concerts, ou les "Contes de la Gaîté" pour découvrir en famille le lieu sous la houlette du conteur Julien Tauber. Mais les 5 ans et plus préféreront sûrement ! les ateliers nettement plus 2.0, baptisés "Appli'quons-nous". Le principe ? Découvrir de nouvelles applications sur tablettes sollicitant l'imagination. Selon les jours, on apprend ainsi à composer des musiques, reconstituer un orchestre symphonique avec de drôles de monstres, créer des masques, colorier un tableau animé ou réaliser son cadavre exquis... Vu que les parents sont admis, pour une fois, ils ne seront pas à la traîne !

MUSÉE CARNAVALET

23, rue de Sévigné, 3e • M° Saint-Paul ou Chemin-Vert
Tél. 01 44 59 58 58
Du mardi au dimanche de 10h à 18h

Entrée libre pour les collections permanentes

carnavalet.paris.fr

Toute l'histoire de Paris

Entre la plus ancienne pirogue de Paris, une dent de mammouth trouvée sous l'avenue Daumesnil, le fauteuil de Voltaire, les pierres de la Bastille et la cuirasse de Napoléon, impossible de ne pas trouver son bonheur à Carnavalet. Mais le musée de l'histoire de la capitale mérite un mode d'emploi, faute de quoi son étendue et la diversité de ses collections risquent de lasser les meilleures volontés enfantines.

Règle n°1 : choisir. Soit un parcours chronologique, mais limité à deux ou trois objets phare par tranche historique ; soit une visite plus approfondie, mais centrée sur une seule période, par exemple la préhistoire ou la Révolution. Règle n°2 : raconter. Les rois, les règnes, les coups d'État et les renversements de régime, qui vont transformer cette suite de tableaux et d'objets en témoins vivants de l'Histoire. Règle n°3 : si l'indigestion guette, ne pas hésiter à fragmenter et à revenir plus tard. À ces trois conditions, la flânerie parmi des collections aussi passionnantes que disparates devient une captivante échappée hors du temps. Vous pouvez terminer par les salles des Enseignes, juste après l'entrée. Au nombre de 200 environ, en tôle, en bois ou en toile peinte, datant pour certaines du XVIIe siècle, elles sont l'une des richesses du musée.

Contes au musée

Pour se familiariser très jeune avec les musées, rien de mieux qu'une belle histoire. Dans les lieux où vécurent d'illustres personnages, entourés d'œuvres choisies, on savoure des contes en rapport avec le décor. Liés à l'histoire de la capitale à **Carnavalet** (3e), brodant sur la vie du poète à la maison de Victor Hugo ou sur celle de George Sand au **musée de la Vie romantique** (9e), initiant à la civilisation chinoise à **Cernuschi** (8e), plongeant au cœur de l'Afrique au **musée Dapper** ou faisant voyager à **La Maison Rouge**, une fondation privée d'art contemporain, les contes sont une façon originale de s'imprégner de l'esprit des lieux.

Pour connaître le programme complet proposé dans les musées de la Ville de Paris (dont les **musées Carnavalet, de la Vie romantique et Cernuschi**), consultez la lettre d'information trimestrielle éditée par Paris Infos Mairie sur **musees.paris.fr**.

Musée Dapper
35 bis, rue Paul-Valéry, 16e • M° Victor-Hugo
Tél. 01 45 00 91 75 • dapper.fr
Dès 5 ans, sur réservation
Le dimanche à 15h d'octobre à mars • Adultes : 6 € • - 26 ans : gratuit

La Maison Rouge
Fondation Antoine-de-Galbert
10, boulevard de la Bastille, 12e
M° Quai-de-la-Rapée ou Bastille
Tél. 01 40 01 08 81 • lamaisonrouge.org
De 4 à 11 ans, sur réservation
Contes et goûter un mercredi par mois à 15h : 9 €

MUSÉE D'ART ET D'HISTOIRE DU JUDAÏSME

71, rue du Temple, 3ᵉ • Mº Rambuteau ou Hôtel-de-Ville
Tél. 0153018660 • Du lundi au vendredi de 11h à 18h,
le dimanche de 10h à 18h

Adultes : 8 € (audioguide inclus) • - 18 ans : gratuit

Musée et visite-conte, un dimanche par mois
à 15h de septembre à juin, sans réservation

mahj.org

C'est quoi, être juif ?

Pour qui s'intéresse à la culture juive ou se demande "c'est quoi, être juif ?", l'hôtel de Saint-Aignan constitue un passage obligé. Même si le cheminement parmi les vitrines et les tableaux peut paraître austère, il permet de mieux connaître l'histoire d'une communauté inscrite très tôt dans l'histoire de France. En témoignent ces fragments de stèles funéraires provenant de cimetières juifs parisiens au Moyen Âge. Les objets rituels exposés sont l'occasion d'expliquer les traditions religieuses, telles que la circoncision, la bar-mitsva ou le mariage.

Les enfants apprécieront également la salle des Maquettes de synagogues, qui attestent de la diversité des architectures du monde ashkénaze traditionnel. L'univers séfarade des juifs d'Orient est lui aussi présent, à travers peintures, photos et objets domestiques. Plusieurs salles sont consacrées à l'histoire de l'émancipation des juifs en France et à l'affaire Dreyfus, avec la une du journal *L'Aurore* du 13 janvier 1898 portant le célèbre "J'accuse!" de Zola. Le parcours s'achève sur les mouvements intellectuels et artistiques au XXe siècle, avec des tableaux de Chagall et Modigliani.

● **Malin!**

Pour une première approche, le mieux est de choisir une visite-conte au moment des grandes fêtes religieuses particulièrement destinées aux enfants : Pourim, la fête des Sorts, en mars, et Hanoukka, la fête des Lumières, en décembre.

MUSÉE DE LA POUPÉE

Impasse Berthaud (vers le 22, rue Beaubourg), 3ᵉ • Mᵒ Rambuteau
Tél. 01 42 72 73 11
Tous les jours sauf le lundi de 10h à 18h

Adultes : 8 € • de 12 à 25 ans : 6 € • de 3 à 11 ans : 4 € • - 3 ans : gratuit
Ateliers créatifs pour les enfants à partir de 4 ans : de 10 à 14 €
(entrée au musée incluse)

museedelapoupeeparis.com

Pour faire briller les yeux des petites filles

Avec des tout-petits et, surtout, des toutes petites, ce serait un crime de se priver de ce délicieux musée qui donne même aux parents l'envie de retomber en enfance. Créé en 1994 par deux collectionneurs, Guido Odin et son fils Samy, et entièrement rénové en 2013, il abrite au bout d'une impasse un fonds permanent de plus de 800 poupées couvrant une période allant de 1800 aux années 2000, en porcelaine pour les plus anciennes, en papier mâché, en tissu et en celluloïd. Le musée possède nombre d'accessoires, meubles ou objets miniatures permettant de mettre en scène ces trésors "comme dans une maison". On admire ainsi en vitrine les Parisiennes, des poupées-femmes parées de tout leur trousseau, en vogue au XIXᵉ siècle, puis les premiers bébés à tête de biscuit qui ouvrent l'âge d'or de la poupée. Aux baigneurs succèdent les poupées-mannequins, auxquelles le musée consacre régulièrement des expositions. Les petits garçons jusqu'à 5 ans seront, eux, sensibles aux nounours et "canards coin-coin". Des ateliers créatifs sont proposés pour les enfants à partir de 4 ans, en lien avec l'exposition temporaire du moment.

● **Malin !**

Dans la boutique attenante, on trouve des vêtements et accessoires pour poupées. Et une clinique propose des réparations appropriées, à réserver, vu leur prix, aux pièces de collection ou aux baigneurs très adorés.

MUSÉE DES ARTS ET MÉTIERS

60, rue Réaumur, 3ᵉ • Mᵒ Arts-et-Métiers • Tél. 01 53 01 82 00
Du mardi au dimanche de 10h à 18h, le jeudi jusqu'à 21h30

Adultes : 6,50 € • - 26 ans : gratuit

Les visites thématiques, démonstrations et visites générales
"Les Trésors du musée" tous les jours, sans réservation
sont incluses dans le prix d'entrée • Démonstrations du théâtre des
automates • Horaires détaillés sur le site

arts-et-metiers.net

Des machines extraordinaires

Voici un musée où l'on est assuré, même le dimanche, de ne jamais faire la queue. Pourquoi? Parce que, curieusement, les Arts et Métiers demeurent à l'écart des grands circuits touristiques. Pourtant, avec un peu de pédagogie et d'accompagnement familial, les juniors trouveront là de quoi assouvir leur curiosité scientifique. Surtout, ils pourront admirer des objets cultes de l'histoire des sciences. Par exemple, la machine à calculer de Pascal, inventée en 1642 – elle additionne, soustrait et effectue les retenues, comme on peut en faire soi-même la démonstration. Ou bien, dans la galerie Énergie, la machine à moteur, que l'on met en marche en appuyant sur une manette reliée à un piston et à une bielle, faisant ainsi tourner une roue – expérience confirmée dans la galerie Mécanique, où des courroies actionnant plusieurs machines mettent en évidence les phénomènes de transmission du mouvement. Dans cette même section, une salle abrite le célèbre théâtre des automates hérité de Vaucanson. Ces merveilles d'ingéniosité et de grâce ne s'animent qu'à heures et jours fixes, mais leur contemplation immobile est déjà un régal. On lève évidemment les yeux vers l'*Avion 3* de Clément Ader suspendu au-dessus de l'escalier d'honneur de la chapelle, premier aéroplane à décoller quelques secondes en 1897. On observe, dans la section Transports, le fardier, un prototype conçu en 1770 par l'ingénieur Joseph Cugnot, qui fut le premier à imaginer utiliser la vapeur pour actionner des roues de voiture. Enfin, on s'attarde dans la magnifique nef de la collégiale qui abrite le "trésor" du musée : des voitures de collection – la Ford T, la Citroën C6 de 1931, un coupé Hispano-Suiza de 1935, la Formule 1 de Prost –, le *Blériot 11*, avion avec lequel le pilote traversa la Manche en 1909, et le fameux pendule de Foucault, qui, mis en mouvement, démontre depuis 1851 le mouvement de la rotation terrestre. Belle façon de clore un fabuleux voyage à travers les facettes de l'invention humaine, qui répond en tout point à la mission fixée jadis par l'abbé Grégoire, le fondateur du musée sous la Révolution : "Augmenter la somme des connaissances et le nombre des connaisseurs."

● **Malin !**

Faire coïncider l'heure de sa visite avec celle des démonstrations scientifiques organisées par roulement, notamment celle du pendule de Foucault, ou réservez l'une des visites familiales thématiques ("Drôles de robots", "À la découverte de l'électricité", etc.) pour les 7-12 ans et leurs parents, sur réservation le dimanche à 11h. Autre astuce : l'audioguide junior, pour une visite autonome et interactive en 34 étapes !

MUSÉE PICASSO

5, rue de Thorigny, 3ᵉ • Tél. 01 85 56 00 36
Mᵒ Saint-Sébastien-Froissart ou Chemin-Vert • Du mardi
au vendredi de 11h30 à 18h, les samedi, dimanche et jours fériés
de 9h30 à 18h, fermé le lundi

Adultes + 26 ans : 11 € • - 26 ans : gratuit

museepicassoparis.fr

Picasso tout beau !

Enfin… Après cinq longues années de fermeture, le musée Picasso a rouvert ses portes à l'automne 2014 dans un écrin de 5 000 m² totalement rénové et agrandi. L'occasion ou jamais de prendre, au cœur du Marais, le chemin de l'hôtel Salé. Ancienne demeure XVIIᵉ d'un fermier général des gabelles chargé de percevoir l'impôt sur le sel, d'où son nom, le site accueille depuis 1985 quelque 400 toiles, sculptures, dessins, etc. de l'artiste (et en conserve plus de 4 000 en réserve !). Chronologico-thématique, le parcours mène des premières toiles de 1895 aux chefs-d'œuvre des dernières années avant la mort du peintre en 1973. Un béotien en art, quel que soit son âge, y recevra en accéléré un formidable cours sur la peinture du XXᵉ siècle, Picasso ayant abordé successivement ou en parallèle tous les styles, du primitivisme au pop en passant bien sûr par le cubisme. En prime, les combles du dernier étage, consacrés à sa collection personnelle, permettent de comprendre combien Cézanne, Degas, Renoir ou Gauguin ont nourri son travail. Au hasard des salles, dans cette magistrale démonstration de génie polymorphe, chaque visiteur trouvera sans nul doute son bonheur. Pour les très petits, ce seront peut-être les assemblages de *La Petite Fille sautant à la corde* et de *La Chèvre,* dont ils s'amuseront à reconnaître les divers ustensiles les composant. Les plus âgés seront intrigués par les extraordinaires toiles surréalistes des années 1925-1930, les ados fascinés par l'esthétique presque BD du terrible *Massacre en Corée,* et leurs parents par l'infinie capacité de renouvellement d'un génie hors-norme. Pour approfondir, il est conseillé de suivre, les mercredis et samedis, une des visites-dialogues ou visites-ateliers dédiées aux familles. Ou encore de guetter chaque mois la programmation "Imaginarium", qui propose un spectacle, un concert ou une performance éclairant un aspect particulier de l'œuvre.

4ᵉ ARRONDISSEMENT

GALERIE DES ENFANTS

Centre Pompidou • Place Georges-Pompidou, 4ᵉ
Mº Rambuteau ou RER Châtelet-Les Halles • Tél. 01 44 78 12 33
Tous les jours sauf mardi de 11h à 22h

Adultes : 13 € • - 18 ans (accompagnés d'un adulte) : gratuit

centrepompidou.fr

S'initier à l'art contemporain

Située sur la mezzanine du Centre Pompidou, la Galerie des Enfants offre aux 2-10 ans accompagnés de leurs parents un premier contact avec les différentes facettes de l'art d'aujourd'hui. Sans fonds propre, elle accueille au fil de l'année deux expositions temporaires, à l'intérêt variable selon la scénographie et l'artiste choisi. En résonance avec les œuvres exposées, sont organisés des ateliers artistiques, qui prolongent la visite par l'expérimentation. Ils furent les premiers du genre et leur réputation de qualité n'est plus à faire. Proposés aux 2-5 ans et aux 6-10 ans les mercredis, week-end et pendant les vacances scolaires, ils sont animés par des plasticiens et ouverts aux familles. Une aubaine à partager !

Jardin du Port de l'Arsenal

Accès par le boulevard de la Bastille, 4ᵉ
M° Quai-de-la-Rapée
Accès libre
paris.fr

Paris-Plage, c'est toute l'année au jardin de l'Arsenal ! Aménagé sur la berge est du bassin du même nom, lui-même creusé dans le prolongement du canal Saint-Martin sur les anciens fossés de la prison de la Bastille, il offre les charmes d'une vaste terrasse plantée d'érables, d'espaces gazonnés et fleuris suivant le cours de l'eau. Parfait, le dimanche au soleil, pour paresser et jouer sur les pelouses en regardant passer les bateaux. D'autant que ces derniers sont aujourd'hui majoritairement de plaisance, ce qui donne à l'endroit un goût de vacances…

MAISON DE VICTOR HUGO

6, place des Vosges, 4e • M° Chemin-Vert
Tél. 01 42 72 10 16 • Du mardi au dimanche de 10h à 18h

Entrée libre

Visites contées de 1h • Horaires détaillés sur le site

maisonsvictorhugo.paris.fr

Le père de Gavroche en sa demeure

Une maison d'écrivain ? Pas évident de recueillir l'enthousiasme avec une telle proposition. Pourtant, en sortant de l'hôtel de Rohan-Guéménée où vécut le grand homme au 2e étage, nul doute que les enfants ne regretteront pas la visite. C'est que la demeure de l'écrivain est à la mesure de son talent : hors du commun. Témoin, ce salon qui permet de découvrir les dons multiples du poète, puisque c'est lui qui en dessina l'incroyable décor chinois. Ou ces meubles de salle à manger qu'il sculpta lui-même et qui semblent tout droit sortis d'un film gothique. Émouvantes, les photos prises à Guernesey au temps de l'exil montrent elles aussi un Hugo moins solennel que le romancier couvert d'honneurs de la fin de sa vie. La visite se clôt sur la chambre où il mourut en 1885, et devant cette étrange table haute sur laquelle, jusqu'aux derniers mois de sa vie, il écrivait debout chaque matin.

MAISON DES CONTES ET DES HISTOIRES

7, rue Pecquay, 4e • Mo Rambuteau ou Hôtel-de-Ville
Tél. 01 48 87 04 01 • Horaires détaillés sur le site

contes-histoires.net

Il était une fois...

Les contes, on ne s'en lasse pas. Les enfants, du moins, car leurs parents, eux, peuvent parfois se faire prier. Dans ce cas, une visite à la Maison des Contes et des Histoires s'impose. Dans la petite salle du fond aux murs décorés baptisée "contier", on prend place en famille, sur des coussins, pour écouter les histoires de Wanda, la conteuse. Pour tenir son jeune public en haleine, elle use de multiples astuces, lui fait mimer l'action avec les mains ou souffler pour imiter le vent. Après environ 45 minutes d'attention, un bonbon récompense les plus sages. En sortant, jeter un coup d'œil sur la minigalerie d'art, qui accueille des expositions régulières d'illustrateurs jeunesse. Et ne pas hésiter à regarder, dans les casiers à hauteur d'enfant, les livres de contes pour tous âges et les illustrations originales.

● **Malin** !
Que votre fille aime les histoires de princesses ou votre fils, celles de dragons, lors de son "anniversaire-conte", le récit sera choisi en fonction de son thème favori. À partir de 5 ans : 190 € (10 enfants maximum).

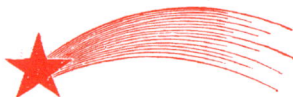

MUSÉE DE LA MAGIE

11, rue Saint-Paul, 4e • M° Saint-Paul
Tél. 01 42 72 13 26 • Mercredi, samedi, dimanche de 14h à 19h,
et tous les jours des vacances scolaires de la zone C

Adultes : 9 € • -13 ans : 7 € • - 3 ans : gratuit

museedelamagie.com

Illusions et tours de passe-passe

Dans une belle cave voûtée du Marais se cache le plus mystérieux des musées. Son objet d'étude : la magie sous toutes ses formes et au travers des âges. Autant dire que pareil thème risque fort de séduire les fans d'Harry Potter, qui s'émerveilleront devant cette collection unique au monde d'automates, d'illusions d'optique et d'objets de magie. Ils y découvriront aussi le secret des Grandes Illusions, ces tours spectaculaires inventés au XIXe siècle qui firent la réputation d'un Robert Houdin par exemple. Cerise sur le gâteau, ou plutôt lapin sur le haut-de-forme, chaque visite comprend un spectacle de magie en *live*, assuré par un illusionniste à l'aide d'accessoires simples tels des jeux de carte ou des cordelettes. Les mordus et les passionnés peuvent ensuite s'inscrire pour un ou plusieurs cours, dispensés le samedi après-midi, afin de s'initier ou de parfaire leur niveau.

MUSÉE NATIONAL D'ART MODERNE

Centre Pompidou • Place Georges-Pompidou, 4ᵉ
M° Rambuteau ou RER Châtelet-Les Halles
Tél. 01 44 78 12 33 • Tous les jours sauf le mardi, de 11h à 22h

Musée + expositions • Adultes : 13 € • - 13 ans : gratuit

centrepompidou.fr

Un Meccano géant et de l'art à tous les étages

Avec ses tuyaux apparents, ses couleurs, son parvis toujours animé et son ascenseur transparent, Beaubourg a les faveurs des enfants. Profitez de cet intérêt pour leur faire découvrir, aux 4ᵉ et 5ᵉ étages, le musée national d'Art moderne et son fonds de plus de 50 000 œuvres des XXᵉ et XXIᵉ siècles, présentées par rotation. Au 5ᵉ étage, l'art moderne de 1905 à 1960 et ses différents mouvements : fauvisme, cubisme, entre-deux-guerres, surréalisme, École de Paris, abstraction et nouveaux réalistes. Au 4ᵉ, les contemporains. Pour éviter l'overdose artistique, il est préférable de s'en tenir à quelques œuvres-clés entre lesquelles on déambulera, en se laissant séduire çà et là par une installation provocante, en s'essayant à reproduire quelques-uns des mouvements des *Acrobates* de Fernand Léger, ou encore en tentant de repérer les couleurs primaires et les codes rythmiques d'un quadrillage de Mondrian. Avec un credo : pour bien voir, il faut regarder non seulement avec les yeux, mais tous sens en alerte. Comme devant le *Requiem* de Tinguely, sculpture monumentale semblable à une série de roues tournantes, qui s'apprécie en mouvement et en cliquetis sonores. Certaines salles étant équipées de bancs, on peut aussi emporter avec

soi papier et crayons et proposer aux enfants de reproduire à leur manière ce qui les séduit le plus. De toute
façon, les accrochages étant renouvelés régulièrement,
on trouvera toujours, d'une visite à l'autre, matière à
découverte.

● **Malin !**
Pour apprendre à voir autrement, faire l'expérience avec les 2-10 ans
des "Impromptus" en famille : chaque premier dimanche du mois,
happenings créatifs et participatifs en présence d'artistes à l'"Atelier
des enfants". Ou bien, pendant que vous visitez tranquillement l'expo
du moment, laissez vos ados au **Studio 13-16** qui leur est dédié, et
programme rencontres, événements et workshops avec des créa-
teurs proches de leur univers.

NOTRE-DAME DE PARIS

Cathédrale • Parvis Notre-Dame - Place Jean-Paul-II, 4ᵉ • Mᵒ Cité ou
Saint-Michel • Tél. 01 42 34 56 10 • Tous les jours de 8h à 18h45

Entrée libre

cathedraledeparis.com

Tours de la cathédrale • Tél. 01 53 10 07 00
Tous les jours de 10h à 17h30 d'octobre à mars, jusqu'à 18h30 d'avril
à septembre, jusqu'à 23h samedi et dimanche en juin, juillet et août

Adultes : 8,50 € • - 18 ans : gratuit

notre-dame-de-paris.monuments-nationaux.fr

Bossu, es-tu là ?

Chouette, on va visiter la maison de Quasimodo ! Pour
peu qu'ils aient vu *Le Bossu de Notre-Dame*, les moins
de 8 ans seront pleins d'enthousiasme pour partir à
l'assaut de la cathédrale. Quant aux plus âgés, motivez-
les avec l'ascension des tours, plus excitante que la
simple contemplation de ce chef-d'œuvre gothique
français signé Jean de Chelles et Pierre de Montreuil.
C'est grâce à la restauration menée au XIXᵉ siècle par
l'architecte Viollet-le-Duc, aidé de l'immense succès du
roman de Victor Hugo, que l'on peut aujourd'hui encore
admirer celle qui fut au Moyen Âge la plus grande
église de la chrétienté. Mais, pour que la visite soit
intéressante, encore faut-il savoir "lire" ce grand livre
d'images sculpté comme on le faisait à l'époque. Savoir,
par exemple, sur le parvis, identifier les trois portails
grâce à l'iconographie de leur tympan : à gauche, le
portail de la Vierge ; au milieu, celui du Jugement dernier ; à droite, celui de Sainte-Anne, mère de Marie.
Quant aux 28 statues de la galerie des Rois de Juda et

d'Israël qui surmonte les trois portails, elles doivent à Viollet-le-Duc, qui les redessina, d'avoir retrouvé leur tête. Pendant la Révolution, des émeutiers persuadés que c'étaient les effigies des rois de France les avaient décapitées!

Pour donner aux enfants une idée de l'ampleur du chantier de construction, qui dura du XIIe au XIVe siècle, on se rend dans le transept nord, à gauche. Là, une grande maquette représente l'édification de Notre-Dame, avec ses maîtres d'œuvre inspectant l'avancement des travaux et ses tailleurs de pierre. En reculant, on découvre ensuite toute la beauté de la grande rose nord. Seul vitrail quasi intact, elle présente sur 13 m de diamètre la Vierge portant l'Enfant entourée des grands prêtres, rois, juges et prophètes. Toujours côté nord, sur les bas-reliefs en bois colorés de l'ancienne clôture du chœur, les juniors pourront identifier quelques scènes: la crèche, les Rois mages, la fuite en Égypte, le lavement des pieds, la cène. Inutile de les emmener visiter le trésor (accès payant), sans grand intérêt. Mieux vaut préserver leurs forces pour partir à l'assaut des tours: plus de 400 marches et de longues minutes de patience seront nécessaires. Mais la vue inoubliable et les sculptures de la galerie des Chimères, créée par Viollet-le-Duc pour relier les deux tours à 46 m du sol, en valent la peine. Ces monstres fantastiques, dont la fameuse stryge, mi-femme mi-oiseau, évoquent puissamment l'atmosphère du Moyen Âge. Autre pièce de choix, dans le beffroi de la tour sud, le bourdon Emmanuel, la plus grosse cloche de Notre-Dame – le battant à lui seul pèse 500 kg. Encore 125 marches, et l'on rejoint le sommet de la tour sud. La récompense: une vue panoramique sur tout Paris et, si l'on a de la chance, sur les faucons crécerelles nichant sur les toits. De quoi se prendre définitivement pour Quasimodo !

● **Malin** !

Combinez la visite avec un concert, en général le dimanche en fin d'après-midi, ce qui permettra d'admirer l'ampleur sonore du plus grand orgue de France, datant de 1730. En guise de récompense, un détour chez le glacier Berthillon, à deux pas, rue Saint-Louis-en-l'Île, s'impose.

5e ARRONDISSEMENT

Grandes Serres du Jardin des plantes

Accès par le 57, rue Cuvier, 5e
M° Jussieu • Tous les jours sauf mardi
de 10h à 17h (18h30 en été)
Adultes : 6 € • 4-17 ans : 4 € - 4 ans : gratuit
Visites guidées possibles sur réservation au 01 40 79 36 00
jardindesplantes.net

Voilà un but de promenade garanti 100 % dépaysant :
se balader en plein hiver dans ces grandes serres
de verre et de métal XIXe ou Art déco, superbement
rénovées, est particulièrement agréable avec de jeunes
enfants. L'occasion rêvée de leur faire admirer, sans les
désagréments du froid ou des intempéries, les plantes
et fleurs de plusieurs parties du monde. Sous ces hautes
structures classées Monuments historiques, en particulier
sous la Grande Serre des forêts tropicales humides et sa
serre attenante consacrée aux déserts et milieux arides,
poussent en effet moult merveilles : palmier géant des
Bermudes, ficus vieux de trente ans, poivriers, lianes mais
aussi des plantes utiles comme celle produisant la vanille ou
l'acajou. On y comprend le fonctionnement de la canopée
et l'organisation de la forêt tropicale, de même que dans la
galerie attenante dédiée aux plantes des milieux arides, on
découvre avec étonnement toutes les stratégies utilisées
par les végétaux pour résister au manque d'eau.
La serre suivante est celle de la Nouvelle-Calédonie, île
dont la flore est l'une des plus riches de la planète. Le

voyage se termine dans la serre de l'Histoire des plantes, réaménagée en parcours évolutif sur l'histoire des végétaux. Depuis les premiers apparus il y a des millions d'années, qui ne subsistent plus que sous forme de fossiles, à leurs représentants modernes. Une véritable aventure qui touche aux origines mêmes de la vie, passionnante à tout âge.

INSTITUT DE MINÉRALOGIE

Université Pierre-et-Marie-Curie • 4, place Jussieu, 5ᵉ • M° Jussieu
Accès au niveau - 2 à droite, à l'entrée du campus
Tél. 01 44 27 52 88 • Tous les jours sauf le mardi de 13h à 18h

Adultes : 5 € • + 10 ans et étudiants : 3 € • - 10 ans : gratuit

amis-mineraux.fr

Voyage au centre de la Terre

Attention, chefs-d'œuvre ! Non de l'art, mais de la nature. Considérée comme la plus belle de France, cette collection de minéraux est aussi, des trois grandes que compte la capitale, la plus accessible à l'admiration des enfants. Derrière la façade peu engageante de l'université Pierre-et-Marie-Curie (Jussieu), devant un panneau discret, on s'engage comme à l'entrée d'une mine. Dans la pénombre brillent 24 vitrines panoramiques abritant les spécimens. Classés par espèces minérales (éléments natifs, oxydes, sulfures, sulfates...), ceux-ci composent un trésor éblouissant de 1500 pièces, soit moins d'un dixième du fonds. Vu qu'aucun panneau explicatif ne renseigne le visiteur sur la formation de ces merveilles, inutile de chercher à faire une visite réellement scientifique. Mieux vaut se déplacer sans ordre, au gré des "oh !" et des "ah !" des enfants devant ces formes extravagantes et ces couleurs dignes des peintres. En allant ainsi d'une vitrine à l'autre, l'œil finit par s'habituer et par repérer progressivement certaines matières. On ne ressort pas de là minéralogiste averti, mais on se sent certainement prêt à observer d'un œil plus attentif les mille et un cailloux rencontrés en vacances sur le bord des chemins.

● **Malin !**

Pour en voir plus à 10 minutes à pied, rendez-vous à la galerie de Minéralogie du Muséum national d'histoire naturelle (voir page 64).

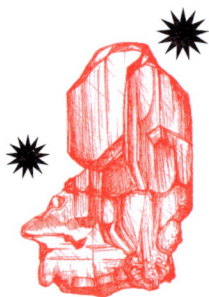

INSTITUT DU MONDE ARABE

1, rue des Fossés-Saint-Bernard, place Mohammed-V, 5e
M° Jussieu ou Cardinal-Lemoine
Tél. 01 40 51 38 38 ou 01 40 51 38 11
Mardi, mercredi et jeudi de 10h à 18h, le vendredi jusqu'à 21h30,
samedi et dimanche de 10h à 19h

Adultes : 8 € • - 18 ans : 4 €
Visites guidées : supplément de 4 €

imarabe.org

Aux origines de l'écriture et de l'astronomie

De loin, avec ses sept étages de baies vitrées et ses moucharabiehs électroniques, l'Institut du monde arabe dessiné en 1987 par Jean Nouvel offre déjà une vision dépaysante. Voilà qui incite à la découverte de ses collections permanentes consacrées à la civilisation du monde arabe, des terres de l'Asie centrale aux rivages de l'Atlantique, soit l'aire géographique de ses 22 pays cofondateurs. Réaménagé en 2012, le parcours-promenade sur quatre niveaux s'ouvre par une longue galerie qui plonge les visiteurs dans l'environnement sonore et visuel des rues orientales. De quoi se mettre dans l'ambiance avant d'aborder plusieurs thèmes – culture, religion, société, vie quotidienne… – ponctués d'installations vidéo et sonores. Parmi les étapes obligées, on admire les tablettes cunéiformes des premières écritures retrouvées au Proche-Orient, ainsi que les vases et amphores de la glorieuse civilisation punique. On découvre aussi des traces de l'influence chrétienne, comme cette scène de chasse en mosaïque sur laquelle on repère nettement des croix. La naissance de l'Islam et l'essor de la culture arabe du VIIe au XIIIe siècle sont bien traités, tandis que balances, compas, globes célestes et astrolabes donnent l'occasion de mesurer les apports du monde arabe aux grandes découvertes scientifiques et astronomiques du Moyen Âge. L'histoire de la conquête de l'Espagne à l'Inde par les dynasties musulmanes, du Xe au XVe siècle, n'est pas oubliée. Dernière halte devant les sublimes tapis de prière de la Turquie ottomane et de la Perse sassanide, illustrés de scènes de chasse ou de nature. Le week-end et pendant les vacances scolaires, des ateliers de création et des concerts-découverte en famille permettent de prolonger la visite.

● **Malin !**
Expérimentez en famille à partir de 6 ans le parcours olfactif, programmé certains dimanches sous la conduite d'un guide, pour découvrir le musée autrement. Sinon, contentez-vous d'aller respirer sur la terrasse : la vue sur la Seine et sur Notre-Dame y est splendide.

Jardin des Plantes

Accès à l'angle des rues Cuvier et Geoffroy-Saint-Hilaire, 5ᵉ
M° Jussieu • Tél. 01 40 79 56 01
Tous les jours du lever au coucher du soleil
Accès libre
mnhn.fr

On y va pour ses galeries (voir page 64), en oubliant parfois que le Jardin des Plantes constitue en lui-même un but de promenade. Ses grandes allées latérales ombragées et son manège désuet des "animaux préhistoriques" suffiraient déjà au bonheur des tout-petits. Mais le plus vieux jardin botanique de Paris, fondé par Louis XIII, réserve aux curieux et aux amoureux de la nature d'autres plaisirs. Outre le jardin de l'École de botanique, historique dédale verdoyant de 2 500 espèces fraîchement rénové, on admire, à l'est de la Grande Serre, ce rare platane d'Orient planté par Buffon en 1785, au pied du Petit Labyrinthe. Autre spécimen remarquable, le bel arbre aux quarante écus (Ginkgo biloba) de 150 ans – l'espèce est contemporaine des dinosaures ! –, qui se dresse devant le bassin, sur la pelouse s'étendant vers l'entrée de la ménagerie. Le long de l'allée du Grand Labyrinthe s'élève le cèdre de 20 m de haut et de 4 m de circonférence, dont Jussieu rapporta précieusement d'Angleterre les pieds, dans son chapeau. Plus loin, on aperçoit, soutenu par des armatures métalliques, le plus vieil arbre du jardin : un faux acacia dénommé le Robinier de Robin, du nom de celui qui, en 1635, en fournit les plants.

MUSÉE NATIONAL DU MOYEN ÂGE

6, place Paul-Painlevé, 5e • M° Cluny-La Sorbonne ou Saint-Michel
Tél. 01 53 73 78 16 ou 01 53 73 78 00
Tous les jours sauf le mardi de 9h15 à 17h45

Adultes : 8 € • 18-25 ans et le dimanche : 6 €
- 18 ans et 1er dimanche du mois : gratuit
Livret de visite "Comme des images" : gratuit
Audioguide enfant : 1 €

Visite contée en famille le mercredi
à 14h30, ateliers en famille le samedi à 14h et visites thématiques
découverte pour les 7-12 ans : supplément de 4,50 €

musee-moyenage.fr

Merveilles médiévales

Apprendre comment vivaient leurs lointains ancêtres, voilà qui intéresse toujours les enfants. Quand, de surcroît, la leçon est illustrée d'objets beaux ou insolites, qu'elle prend pour support un livret de visite ou un audioguide spécial junior et qu'elle est dispensée dans la très belle résidence abbatiale des abbés de Cluny, datant du xve siècle, elle devient passionnante.

Les tapisseries "à mille fleurs", par exemple, dont le fond bleu est peuplé de fleurs et d'animaux familiers, sont une remarquable illustration du mode de vie seigneurial : pendant que les hommes chassent au faucon, les nobles dames brodent et filent la laine à l'aide d'une quenouille. Les enseignes de pèlerinages, les chaussures, les peignes aux inscriptions galantes qu'on offrait aux dames ("Tu es belle", "Pense à moi"...), les dînettes pour enfants ou les jeux d'échecs livrent un aspect pittoresque de la vie quotidienne. Avant de monter à l'étage, il faut jeter un coup d'œil sur les originaux des têtes sculptées de Notre-Dame de Paris (voir page 48), retrouvées sur un chantier de la rue de la Chaussée-d'Antin. Abattues lors de la Révolution, elles avaient été pieusement conservées par un royaliste, qui les enterra dans la cour de son hôtel !

Une rampe mène ensuite à la rotonde rénovée, discrètement éclairée, où sont exposées les six célèbres tapisseries de "la Dame à la licorne" récemment restaurées. Personnages énigmatiques et espèces animales et végétales à foison composent de gauche à droite une allégorie des cinq sens, du plus matériel, le toucher, au plus spirituel, la vue. Tous sens auxquels renonce la Dame, comme le dit en langage codé, sur la sixième tapisserie, l'inscription brodée : "Mon seul désir."

On termine par la chapelle, ancien oratoire des abbés de Cluny, pur témoignage du gothique flamboyant avec ses voûtes en palmier et ses croisées d'ogives. Clin d'œil : au bas des stalles, des cochons sculptés jouent de l'orgue !

● **Malin !**

En sortant, un jardin médiéval avec sous-bois, clairière, ménager (parcelles réservées pour les plantes destinées à l'alimentation), jardin des simples, jardin céleste, jardin d'amour et balançoires permet de se dégourdir les jambes.

Jeunes cinéphiles, à vos écrans !

On n'est jamais trop jeune pour fréquenter les salles obscures. En témoignent les multiples cinémas pour grands consacrant une partie de leur programmation aux bambins. En particulier dans les lieux cultes d'art et d'essai, dans les 5e et 6e arrondissements.

Certaines d'entre elles, regroupées au sein de l'association **L'Enfance de l'art**, présentent un festival permanent dédié aux enfants à partir de 3 ans et comprenant chaque semaine plusieurs séances, parfois encadrées d'une présentation et d'un débat. Parmi les participants à ce programme, **Le Nouvel Odéon**, entièrement rénové par la designer Matali Crasset, propose en outre une fois par mois un "Ciné contes" dédié aux tout-petits, au cours duquel une conteuse fait précéder la séance de contes en lien avec la thématique du film projeté.

Quant au **Studio des Ursulines**, première salle d'art et d'essai de France depuis son ouverture en 1926, il s'est voué exclusivement au cinéma jeune public. Y sont programmés tous les films de qualité sortant durant l'année, ainsi que des reprises de classiques pour tous.

À l'Entrepôt, autre spot historique de la cinéphilie, **L'Écran animé** programme les mercredis et samedis des séances présentées et suivies d'un débat autour de films jeunesse de qualité.

Le tout nouveau siège de la **fondation Jérôme Seydoux-Pathé**, édifié par Renzo Piano derrière une ancienne façade de théâtre sculptée par Rodin, donne rendez-vous aux jeunes spectateurs dès 6 ans et en famille les mercredis et samedis avec les séances "Pathé kids". Au programme, trois projections en alternance de films muets : "Contes et féeries", "Découverte des premiers muets", "Comédies pour les enfants", toutes accompagnées au piano par des élèves du Conservatoire.

De son côté, le réseau des salles **MK2** propose aux 3-5 ans et leurs parents des séances "Bout'chou", avec lumière tamisée, volume sonore adapté et choix de films courts, au tarif unique de 4 €.

À la BPI du Centre Pompidou, **Mon P'tit Ciné** projette gratuitement une fois par mois un film junior issu des collections de la bibliothèque, présenté par un professionnel (réalisateur, critique...) et suivi selon les cas d'un débat ou d'une animation.

Le cinéma **Le Balzac**, salle historique, programme un dimanche par mois des séances "Pochettes surprise" : un musicien vient improviser en direct sur des courts-métrages muets et comiques de Chaplin, Keaton, Loyd... Après la séance, selon la salle, goûter ou glace dans une ambiance familiale, tout en échangeant des commentaires sur les films.

À signaler encore, **Mon premier festival**, piloté par la Mairie de Paris, qui propose pendant les vacances de la Toussaint pas moins de 70 films, dont des avant-premières, rétrospectives et ciné-concerts, aux jeunes spectateurs.

Enfin, le cinéma **Étoile Lilas** a pensé aux parents cinéphiles : il les accueille le lundi à 14h et le mercredi à 10h30 avec leurs 0-10 mois dans des salles

spécialement équipées (lumière tamisée, son maî-
trisé, table à langer, tapis d'éveil) pour des séances –
quasi – normales du film à l'affiche, mais avec bébé !

✴

L'Enfance de l'art
Cinémas indépendants parisiens • Tél. 01 44 61 85 50
cinep.org • Séances les mercredis, samedis et dimanches,
et tous les jours pendant les vacances scolaires

Le Nouvel Odéon
6, rue de l'École-de-Médecine, 6ᵉ • Mᵒ Odéon
Tél. 01 46 33 43 71
nouvelodeon.com • Séance Kid Odéon le dimanche matin
"Ciné-conte" une fois par mois le dimanche matin

Studio des Ursulines
10, rue des Ursulines, 5ᵉ • RER Luxembourg
Tél. 01 43 26 19 09
studiodesursulines.com

L'Écran animé de L'Entrepôt
7-9 rue Francis-de-Pressensé, 14ᵉ • Mᵒ Pernety
Tél. 01 45 40 57 26 • lentrepot.fr
Séances les mercredis et samedis à 14h et 16h

Fondation Jérôme Seydoux-Pathé
73, avenue des Gobelins, 13ᵉ • Mᵒ Place-d'Italie
Tél. 01 83 79 18 96 • fondation-jeromesydoux-pathe.com
Séances "Pathé kids" les mercredis et samedis à 14h

Salles MK2
Séances "Bout'chou" les mercredis, samedis et dimanche
en matinée
Voir salles et horaires sur le site mk2.com

Mon P'tit Ciné
BPI du Centre Pompidou, 4ᵉ • Mᵒ Rambuteau
ou RER Châtelet-Les Halles
Tél. 01 44 78 13 83 • bpi.fr/mon-ptit-cine.fr
Un dimanche par mois à 11h, sur réservation

Le Balzac
1, rue Balzac, 8ᵉ • RER Charles-de-Gaulle-Étoile
Tél. 01 45 61 10 60 • cinemabalzac.com
Séances "Pochettes surprise" un dimanche par mois à 11h,
sauf en janvier et février

Mon premier festival
Tél. 39 75 • monpremierfestival.org
Séances jeune public pendant les vacances de la Toussaint

Étoile Lilas
Place Maquis-du-Vercors, 20ᵉ • Mᵒ Porte-des-Lilas
etoiles-cinemas.com
Séances pour jeunes parents le lundi à 14h et le mercredi à
10h30

MUSÉUM NATIONAL D'HISTOIRE NATURELLE

36, rue Geoffroy-Saint-Hilaire, 5e • M° Censier-Daubenton ou Jussieu
Tél. 01 40 79 54 79 ou 01 40 79 30 00
Tous les jours sauf le mardi de 10h à 18h
Salle du Trésor ouverte uniquement en automne et en hiver

Tarifs variables en fonction du musée ; à consulter sur le site
- 4 ans : gratuit

mnhn.fr

Cristaux géants, arbres centenaires et dinosaures

Quatre musées pour le prix d'un, doublés d'une ménagerie et d'un grand jardin (voir page 57) : le Muséum, héritier depuis la Révolution du cabinet royal d'histoire naturelle du botaniste Buffon, est une source inépuisable de plaisirs dominicaux. On y vient tout petit pour les animaux : les 1 800 sujets – pour 200 espèces – de la **Ménagerie** la plus ancienne d'Europe, qui a succédé en 1794 à la Ménagerie royale de Versailles. Si ses bâtiments classés sont réservés aux animaux de petite taille, les kangourous, les daims, les dromadaires et les lamas présents dans les enclos semblent déjà suffisamment hauts aux yeux des bambins en poussette. Pour jouer à se faire peur, il suffit de longer les enclos paysagers de la Fauverie, récemment rénovée, accueillant les panthères de Chine ou des neiges, ou de pénétrer dans le Vivarium, surtout au moment des nourrissages vers 16h. Autre étape obligée, l'enclos des singes, pour s'amuser des facéties des orangs-outans. N'hésitez pas à jeter un coup d'œil à l'expo temporaire du moment, elles sont toujours passionnantes et à la portée de tous. Plus grand, on satisfait sa curiosité pour les dinosaures en visitant la **galerie de Paléontologie**. Dans l'allée centrale, un terrifiant squelette de diplodocus de 25 m de long, un crocodile géant, un moulage d'iguanodon et un *Allosaurus fragilis*, si mal nommé malgré ses pattes avant ridiculement petites, marquant l'évolution des dinosaures aux oiseaux. Au fond de la galerie, lion, loup et ours des cavernes, contemporains des premiers hommes, sont nettement plus imposants que leurs cousins d'aujourd'hui. Derrière, des œufs géants de dinosaures et des squelettes de mammouths. En guise de parcours pédagogique, on aura pris soin de télécharger avant la visite la toute nouvelle appli mobile Paléo Muséum, qui présente en détail et in situ 24 fossiles emblématiques.

Afin de suivre le fil de la chaîne animale, rendez-vous au bout du jardin dans la **Grande Galerie de l'Évolution**. Pour fêter ses 20 ans, la scénographie conçue par René Allio a retrouvé son son et lumière d'origine. La découverte des quelque 4 500 animaux naturalisés ou empaillés est donc ponctuée de cris d'animaux, dans des ambiances lumineuses évoquant tour à tour les abysses, les orages tropicaux, une nuit dans la savane... Impressionnant! Au rez-de-chaussée, on fait halte devant le squelette de baleine australe et celui de rorqual bleu, de 30 m de long, devant le calmar géant, les albatros poussins – modèles de Bernard et Bianca – et les éléphants de mer, ou bien devant la corne de licorne, qui n'est en fait que l'incisive supérieure du narval. À l'étage s'avancent en procession l'éléphant d'Afrique, les girafes, phacochères, rhinocéros, grand koudou plus vrais que nature. Siam, l'éléphant d'Asie, est modestement installé à l'écart de la parade. Depuis 2010, une galerie des Enfants dédiée à la biodiversité accueille les petits curieux de 6 à 12 ans, et leurs parents, au rez-de-chaussée. Au menu, immersion et apprentissage ludo-interactif du vivre ensemble entre espèces, y compris humaine ! Reste encore à voir, à l'étage, la très belle salle des Espèces menacées et disparues, qui abrite dans une lumière rare des animaux empaillés, par exemple ces gorilles de montagne à l'origine du mythe de King Kong.

Enfin, quand vient l'âge des collections, on se rend dans l'ancienne bibliothèque de la **galerie de Minéralogie**, qui abrite l'extraordinaire salle des Cristaux géants tout récemment réaménagée pour accueillir l'exposition "Trésors de la Terre". Des minéraux remarquables, dont une vingtaine de cristaux géants spectaculaires, des météorites et des gemmes précieux donnent un aperçu de l'incroyable richesse des 770 000 pièces de la collection. À 11 m sous ses fondations se cache la salle du Trésor et ses 2 000 échantillons précieux provenant des collections royales, dont l'émeraude de Saint Louis, hélas encore en attente de restauration. En revanche, la **galerie de Botanique**, tout récemment rénovée, offre désormais à la curiosité des visiteurs les millions de spécimens de l'Herbier national, à réserver toutefois aux passionnés.

THERMES DE CLUNY

Voir Musée national du Moyen Âge, page 58,
pour les informations pratiques

Spa romain

Des bains romains en plein Paris. Comme dans *Astérix* ? Les enfants ont peine à le croire. Bon prétexte pour aller vérifier leur existence sur place, aux thermes de Cluny. Il faut tenter de se représenter les lieux, non pas dans la nudité de la pierre comme de nos jours, mais décorés à profusion de mosaïques et de fresques murales. Bien plus agréable qu'un gymnase quelconque d'aujourd'hui. De l'aménagement d'origine subsiste essentiellement le *frigidarium,* ou salle froide, dans laquelle on venait se rafraîchir après un bain chaud, selon le principe du sauna. Cette grande salle rectangulaire a conservé ses voûtes d'origine de 15 m de haut, et ses parements rosés ont, depuis une restauration récente, retrouvé leur teinte d'origine. Dans la galerie adjacente, on repère encore quelques détails de construction, comme ces arêtes de poisson qui aidaient à fixer l'enduit, ainsi que des traces d'incendie. Un système d'égouts encore apparent déversait les eaux sales des bassins. À l'extérieur, une palestre était dévolue aux exercices physiques. Avant de partir, on admire le fameux pilier des Nautes. Cette colonne du Iᵉʳ siècle, composée de quatre blocs de pierre, fut découverte en 1711 sous le chœur de Notre-Dame de Paris. Sur ses faces sculptées cohabitent Jupiter, Castor, Pollux, Cernunnos, le dieu celtique aux bois de cerf, et les Nautes, puissante compagnie de navigateurs parisiens identifiables à leurs boucliers et à leurs lances. Bel exemple de la diversité des cultes dans la Gaule romaine.

6ᵉ ARRONDISSEMENT

Jardin du Luxembourg

Accès au Poussin Vert par les rues Guynemer, de Vaugirard
ou Auguste-Comte, 6ᵉ • M° Notre-Dame-des-Champs
ou RER Luxembourg • Tél. 01 44 07 28 29 • Tous les jours de 10h
à 19h en été, jusqu'à la tombée de la nuit en hiver
Adultes : 1,60 € • Enfants : 2,60 €
paris.fr

Trente ans que les minots de la rive gauche dépensent leur
trop-plein d'énergie dans cette aire de jeux au cœur du
Luxembourg. L'espace est délimité en deux zones : jusqu'à
7 ans, et de 7 à 12 ans. À l'intérieur, une trentaine de jeux
variés et attractifs sur près de 1000 m². Côté petits, un
bac à sable, un grand pont à escalader terminé par quatre
toboggans, filets, échelles, barres pour se suspendre, jouets
sur ressorts, tourniquet où l'on s'allonge à quatre ou cinq...
Côté grands, un "parcours aventure" constitué de toboggans,
tunnels, rouleaux et minimur, et deux stars incontestées : la
poulie, sorte de télésiège accroché à un filin suspendu le long
duquel on glisse jusqu'au sol, et un filet à grimper en forme de
pyramide de 5 m de haut. Seul inconvénient : dès 14h, l'endroit
est victime de son succès, volume sonore à l'avenant.

● **Malin !**
Le ticket d'entrée est valable toute la journée. Profitez-en pour varier
les activités : promenade à dos de poney, course de bateaux, voitures à
pédales, trempette dans le jardinet face à l'Orangerie avec ses patau-
geoires l'été, réservé aux moins de 6 ans. Et si une averse menace,
filez au théâtre des **Marionnettes du Luxembourg**, où les spectacles
ravissent toujours les petits (Tél. 01 43 26 46 47).

MONNAIE DE PARIS

11, quai Conti, 6ᵉ • Mᵒ Pont-Neuf ou Odéon
Tél. 01 40 46 57 57
Tous les jours de 11h à 19h (nocturne le jeudi jusqu'à 22h)

Entrée aux expositions : 12 € • Entrée tarif réduit : 8 €
- de 18 ans : gratuit

Visite-atelier pour les enfants avec leurs
accompagnateurs certains samedis sur inscription :
14 € pour un adulte et un enfant (incluant le billet d'entrée
à l'exposition) • 4 € par enfant supplémentaire

monnaiedeparis.fr

L'art côté pile

On y songe rarement pour une visite en famille. C'est dommage, car le musée de la Monnaie est moins austère que ne le laisserait supposer sa vocation. Il occupe une large place de l'hôtel de la Monnaie, bel édifice construit entre 1771 et 1776 à la demande du roi Louis XV, par l'architecte Jacques-Denis Antoine. Là étaient situés jadis les ateliers de fabrication des monnaies, activité décentralisée depuis 1973 à Pessac, près de Bordeaux. Seules sont encore fabriquées quai de Conti les médailles officielles. Quant au musée, il est riche d'un fonds historique de 140 000 objets : médailles, sculptures métalliques mais aussi décorations et bijoux donnant à comprendre plusieurs siècles d'évolutions techniques et de création artistique. Malheureusement, le bâtiment étant en pleine rénovation, les collections permanentes ne seront accessibles au public que fin 2016. Seule l'aile est se visite à ce jour, accueillant de passionnantes expositions temporaires – dédiées souvent à un artiste contemporain –, à l'occasion desquelles des activités pour les familles sont proposées : ce sont les ateliers "Clan Monnaie", destinés aux 3-5 ans (45 minutes) et aux 6-12 ans (1 heure), ainsi qu'à leurs accompagnateurs.

Les musées de la Ville de Paris spécial juniors

Bonne idée : les musées municipaux viennent de mettre en place une offre pour les enfants. Applis dédiées, sites et livres jeunesse, les petits Parisiens auront l'embarras du choix grâce à Paris Musées.

Le site **Muséosphère** permet de faire une visite virtuelle de douze musées de la Ville de Paris : salle par salle, objet après objet, on navigue dans ces espaces du sol au plafond, accompagné par des petites mascottes de couleurs qui apportent des explications rigolotes.

Mission Zigomar, quant à lui, est un site ludo-éducatif (décliné en appli Smartphone et tablettes) qui explore les collections de l'ensemble des musées de la Ville. Durant cette aventure animée, les enfants doivent résoudre des énigmes, emmenés par de jeunes héros, Gab l'aventurière, Hugo le rêveur et Selim l'intellectuel féru de nouvelles technologies, pour empêcher l'affreux Zigomar de confisquer aux enfants les œuvres des musées de la Ville de Paris. Une approche ludique et intelligente, idéale pour préparer la visite ou pour la rendre plus vivante directement sur place.

museosphere.paris.fr
missionzigomar.paris.fr

7ᵉ ARRONDISSEMENT

Berges de Seine rive gauche

Accès aux berges par le port de Solférino (M° Assemblée-
Nationale), le port des Invalides (M° Invalides) et le port du Gros
Caillou (M° Alma-Marceau) • Renseignements et réservation
au Point I, au port de Solférino, du mardi au dimanche de 12h à 19h
lesberges.paris.fr

Récemment aménagé, le tronçon de berges compris
entre le musée d'Orsay et le pont de l'Alma est une des
plus agréables promenades du dimanche en famille. Mur
d'escalade, marelles, labyrinthe, mappemonde et autres
jeux d'échecs, jeux de l'oie géants dessinés au sol offrent
aux juniors des distractions en tous genres. À moins
qu'ils ne préfèrent s'essayer au dessin collectif sur le mur
d'ardoises avec ses craies géantes, au bord de l'eau, ou
de partir à la découverte de leurs cinq sens dans la verte
caravane "Satellite des sens", sympathique monstre fluo qui
accueille les enfants de 3 à 6 ans accompagnés d'un adulte.
L'extérieur de la caravane est d'ailleurs une expérience en
elle-même. Au total, 2,7 km d'équipements et d'animations,
rythmés de bars et restaurants, à fréquenter sans retenue.

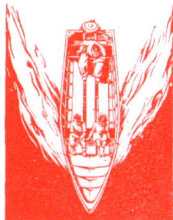

Champ-de-Mars

Accessible jour et nuit par le quai Branly,
l'avenue de La Motte-Picquet, l'avenue de la Bourdonnais
ou l'avenue de Suffren, 7e • M° École-Militaire, Bir-Hakeim
ou RER Champ-de-Mars-Tour-Eiffel
Accès libre

Une vue imprenable sur la tour Eiffel et sur la perspective du palais de Chaillot à l'École militaire, une double ordonnance de jardin à la française et de bosquets à l'anglaise, et surtout des activités à foison pour les petits : loin d'être réservé aux seuls touristes, le Champ-de-Mars est un des lieux de détente privilégié des petits Parisiens de la rive gauche. Outre ses grandes allées pour s'entraîner à vélo et ses terrains de handball et de basket, il propose des activités tentantes, telles qu'un manège, des promenades à dos d'âne, de poney ou en sulky et un théâtre de marionnettes (Tél. 01 48 56 01 44). Trois bassins à jets d'eau contribuent au charme de l'endroit, l'un des plus vastes espaces verts parisiens.

ÉGOUTS DE PARIS

Accès par le pont de l'Alma, rive gauche,
face au 93, quai d'Orsay, 7ᵉ
M° Alma-Marceau • Tél. 01 53 68 27 81
Du samedi au mercredi de 11h à 18h de mai à septembre,
de 11h à 17h d'octobre à avril

Adultes : 4,40 € • Enfants : 3,60 €
- 6 ans : gratuit

paris.fr

Découvrir le Paris souterrain

Voilà une aventure fascinante : 18 000 bouches d'égout et 2 100 km de galeries dessinent une ville sous la ville, dépeinte par Hugo dans ses *Misérables*. Jusqu'en 1975, on pouvait la parcourir en barque. Aujourd'hui, on suit à pied, à 5 m sous terre, un parcours de 600 m de long. Au-dessus des têtes, un gros tuyau dont s'échappent parfois quelques gouttes. Dans l'air, des émanations nauséabondes. Au cours de la visite, on découvre le wagon-vanne, qui sert à curer les égouts, et les mannequins en cire des égoutiers, équipés de casque et de hautes bottes comme les pêcheurs. Après le passage Duleau, on enjambe les eaux d'évacuation en marchant sur des grilles de fer : attention au vertige, d'autant que le courant est très rapide ! Pour en savoir plus, la grande salle de la galerie Belgrand présente, en notices, dessins et photos, l'évolution des égouts des Gallo-Romains jusqu'à nos jours. En fin de parcours, on atteint le point de départ de l'émissaire sud, qui emmène les eaux usées dans les Yvelines, vers la station d'épuration. On y voit les déchets – dont la hauteur atteint chaque année celle d'un immeuble de six étages – s'écouler dans les baies de déversement ou dans le réservoir d'orage. Et si l'on n'a pas tout compris, de courtes vidéos illustrent le travail des égoutiers. En sortant, n'oubliez pas de vous laver les mains !

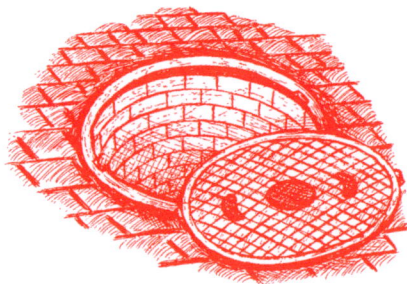

MUSÉE D'ORSAY

62, rue de Lille, 7ᵉ • Mᵒ Solférino ou RER Musée-d'Orsay
Tél. 01 40 49 48 14 • Du mardi au dimanche de 9h30 à 18h,
le jeudi jusqu'à 21h45

Adultes : 11 € • - 18 ans et 1ᵉʳ dimanche du mois : gratuit
Prêt de poussette au vestiaire
Carnets-parcours en duo (enfant + adulte) : gratuit

Visites guidées thématiques en famille le samedi à 15h et parcours-
jeux en famille le dimanche, sous forme d'enquêtes, de jeux de piste
et de jeux de rôle (1h30) • Réservation au 01 53 63 04 63
Visites guidées et animations

musee-orsay.fr

Danseuses, Déjeuner sur l'herbe et Tournesols

Au crédit de cette ancienne gare devenue musée, une architecture aérée qui séduit les plus jeunes et, surtout, l'une des toutes premières collections au monde de tableaux impressionnistes. Même béotiens, les enfants ne pourront manquer d'admirer, dans leur nouvel écrin repensé en 2012, les toiles et sculptures de ce mouvement pictural né en 1863 en réaction à l'art académique. À commencer par les premiers Manet, Monet, Renoir. Choc inaugural, l'*Olympia* de Manet, dont on expliquera qu'elle fit scandale non pour son corps nu, mais parce qu'il s'agissait clairement d'une prostituée dans le tranquille exercice de son métier. Pour les œuvres maîtresses, direction le 5ᵉ étage avec *Les Coquelicots* de Monet, dont on reprocha à son auteur "sa manie de voir par taches", puis le très fameux *Déjeuner sur l'herbe* de Manet, avec sa si moderne femme nue au milieu des hommes habillés. Ce souci de témoigner d'une réalité prosaïque, qui caractérise les impressionnistes, s'illustre aussi dans *La Serveuse de bocks* de Manet,

Les Repasseuses de Degas ou *La Gare Saint-Lazare* de Monet. Autre grand maître, Auguste Renoir applique au portrait les techniques picturales de décomposition des couleurs prônées par le groupe : son *Torse de femme au soleil* contient du rose, certes, mais aussi du verdâtre, du gris, du violet, soit toutes les nuances d'une peau traversée de lumière. Devant les *Cathédrales de Rouen* de Monet, on laissera les enfants deviner à quelle heure du jour l'artiste a peint chacune des cinq toiles. Pour voir le travail sur les couleurs poussé à l'extrême, jusqu'à la déformation des perspectives et des contours, *L'Église d'Auvers-sur-Oise* de Van Gogh est un bon exemple. Dernière étape, avec Paul Cézanne. Plus vraiment impressionniste – *Les Joueurs de cartes* ou *La Femme à la cafetière* annoncent déjà les recherches du siècle suivant sur les formes géométriques –, mais définitivement génial. Ultime récompense : une longue halte devant *Le Bassin aux nymphéas* et *Les Nymphéas bleus* de Monet, conclusion zen à tant de merveilles.

● **Malin !**
Le week-end, des visites en familles d'1h30 dès 5 ans sont organisées, sous forme de parcours-conférence le samedi, ou plus ludique avec un parcours-jeu à thème le dimanche, sur réservation au 01 53 63 04 63. Quant aux ados, ils ont droit, tous les jours des vacances scolaires sauf en août, aux "Ranc'arts", de passionnantes visites interactives.

MUSÉE DE L'ARMÉE

Esplanade des Invalides • 129, rue de Grenelle, 7e
M° Invalides, La Tour-Maubourg ou Varenne
Tél. 01 44 42 38 77 • Tous les jours de 10h à 18h d'avril à octobre, de
10h à 17h de novembre à mars • Fermé le 1er lundi du mois, sauf l'été

Adultes : 9,50 € • - 18 ans : gratuit • Audioguide pour enfants : 1 €
Le billet d'entrée donne accès au musée de l'Armée,
à celui des Plans-reliefs et au tombeau de Napoléon

Visites-contes en famille (1h30) au musée de l'Armée
Adultes : 9,50 € • Enfants : 6 € • Réservation au 01 44 42 51 73

musee-armee.fr

Armures, uniformes et villes fortifiées

L'hôtel des Invalides offre aux petits Parisiens un terrain d'exploration sans pareil. Il faut plusieurs visites pour épuiser ses trésors. En commençant par la découverte de l'hôtel lui-même, conçu par Louis XIV et son ministre de la Guerre, Louvois, pour les vieux soldats "invalides". Dessiné notamment par Mansart, l'artisan de Versailles, il accueillit jusqu'à 4 000 pensionnaires, qui y dormaient, mangeaient, travaillaient, priaient et faisaient de l'exercice dans la cour. Transformé en **musée de l'Armée**, il comprend plusieurs sections.

Dans le département ancien, les collections d'armes et armures ayant appartenu aux rois de France de Saint Louis à Louis XIII sont impressionnantes. L'occasion de mesurer, sur des mannequins équipés de pied en cap, le poids incroyable supporté par un chevalier et sa monture au Moyen Âge. Ou de comprendre, à la taille de son armure, combien François Ier était vraiment très grand pour son époque (2 m !). Dans l'aile d'Orient sont exposés les uniformes et armements du Grand

Siècle ainsi que des maquettes de batailles. Aux étages de l'aile d'Occident se déroule le remarquable parcours consacré aux deux guerres mondiales. Il commence par un rappel en tableaux et objets de la guerre de 1870, matrice des conflits du XXe siècle, et se poursuit avec l'évocation de la guerre de 14-18 grâce à divers objets témoins : le fameux canon allemand la Grosse Bertha, un taxi de la Marne, une capote et une pèlerine de Poilu encore couverte de boue, des maquettes de tranchées, des masques à gaz... Et s'achève avec le dernier conflit, sur trois niveaux : au 3e, salle Leclerc, les années 1939-1942 ; au 2e niveau, le monde en guerre avec, en particulier, une vidéo spectaculaire sur la bataille de l'Atlantique et le siège de Stalingrad, ainsi qu'un éclairant film de témoignages de résistants ; enfin, au 1er niveau, la victoire et la Libération. Dans la section consacrée à la découverte des camps, attention au documentaire sur la libération du camp de Mauthausen, à la limite de l'insoutenable pour les très jeunes.

Installé sous la cour de la Valeur, aile d'Orient, l'**historial Charles-de-Gaulle** propose en complément un film d'archives dédié au général et à son action, diffusé sur cinq écrans simultanés et enrichi d'une exposition permanente interactive. Ceux qui veulent jouer à la bataille grimperont vers les combles, jusqu'au **musée des Plans-reliefs**, où 28 maquettes au 1/600e (une soixantaine d'autres dort dans les réserves) reproduisent les principales villes fortifiées par Vauban aux frontières du royaume. Un outil stratégique conçu par Louvois, qui fit réaliser en 1668 ces reproductions pour le compte de Louis XIV afin de préparer sièges et défenses. Dans une semi-obscurité se dévoilent les places fortes de la Manche, de l'Atlantique, des Pyrénées et de la Méditerranée. Certaines très grandes, comme la maquette de Bayonne (50 m²), d'autres très spectaculaires comme le Château-Trompette, ancienne citadelle de Bordeaux, certaines enfin très célèbres, comme le château d'If, prison du comte de Monte-Cristo. Pour aider à la visite, un jeu de piste est mis à disposition des familles.

Dernière étape, le **tombeau de Napoléon**. Rapportés de Sainte-Hélène sous le règne de Louis-Philippe, ses restes sont ensevelis sous le dôme scintillant. Dans la crypte circulaire ouverte sous la coupole, son imposant tombeau surélevé est gardé par deux statues colossales, *La Force militaire* et *La Force civile*. Au milieu, posé sur un socle de granit vert, le sarcophage renferme six cercueils emboîtés. Au sol, les noms de ses principales victoires militaires (Austerlitz, Iéna, Marengo...), symbolisées par les douze grandes victoires ailées sculptées par Pradier. Dans la galerie circulaire, dix bas-reliefs de marbre blanc exaltent les hauts faits de l'empereur : code civil, Légion d'honneur, Concordat entre l'Église et l'État... Dans la cella, ou reliquaire, une simple dalle, au fond, signale le caveau du roi de Rome, fils unique de Napoléon qui mourut à 21 ans de la tuberculose, en Autriche.

MUSÉE DU QUAI BRANLY

37, quai Branly, 7ᵉ • Mᵒ Alma-Marceau ou RER Pont-de-l'Alma
Tél. 01 56 61 70 00 • Mardi, mercredi et dimanche de 11h à 19h, jeudi,
vendredi et samedi de 11h à 21h

Adultes : 9 € • - 18 ans : gratuit

Visites contées et visites commentées, ateliers enfants et spectacles
pendant les vacances scolaires, sur réservation (Tél. 01 56 61 71 72)
Adultes : 8 € • - 18 ans : 6 €

quaibranly.fr

Toutes les cultures du monde

Est-ce son jardin astucieusement dessiné par Gilles Clément ? Son originale architecture sur pilotis signée Jean Nouvel ? Ou tout simplement ses magistrales collections d'arts premiers ? Toujours est-il qu'il n'est point besoin de trop insister pour emmener les juniors au musée du Quai Branly. Pas de circulation imposée ni de sens de visite entre les espaces dédiés à l'Afrique, l'Amérique, l'Asie et l'Océanie. On se laisse happer par les objets exposés, tous splendides. Sculptures géantes, masques, textiles, objets usuels ou de cérémonie, sans oublier la spectaculaire tour aux instruments traversant les différents niveaux du musée : même sans connaissance de cet art si complexe, on est soufflé par tant de beauté. Viennent s'ajouter, de part et d'autre du plateau, des cabinets de curiosités, espaces thématiques consacrés à certains groupes de pièces, par exemple sur la divination. Manquent parfois quelques clés pour comprendre. À défaut de pénétrer le sens des sobres cartels, de surcroît peu éclairés, on se dirigera vers le module bas gainé de cuir qui court tout le long du musée. Ce "serpent", à la fois banquette de repos et borne d'information, comprend des écrans de consultation interactifs proposant reportages et témoignages. On complétera cette découverte éblouissante de plusieurs continents par les diverses manifestations du musée : outre des expositions temporaires toujours passionnantes, cette véritable cité culturelle accueille des spectacles et des contes dans son vaste auditorium, et des ateliers dans les salles adjacentes. Un lieu, décidément, à fréquenter souvent.

● **Malin !**

Avec des enfants de moins de 8 ans, les visites contées par continent (Afrique, Océanie, etc.) animées notamment par le merveilleux Gabriel Kinsa, sont parfaites. Plus pédagos, des visites en famille guidées par un conférencier sont proposées aux 3-5 ans et aux plus de 6 ans. Et carrément technos, des circuits de visite parent-enfant en PDF sont à télécharger sur le site du musée, tandis que des applis new-look invitent à des aventures ludiques au cœur des collections.

Bateaux, sur l'eau

Les bateaux-mouches, les enfants adorent. Mais pas n'importe quel bateau. Sinon, passé les premières minutes d'excitation, ils risquent de s'ennuyer. La solution ? Des traversées spécialement conçues pour les juniors à réserver en général aux moins de 9 ans (au-delà, les enfants les trouveront sans doute "bêtas").

Ludo-pédagogique, la **Croisière enchantée** fait appel aux talents de deux comédiens déguisés en lutins malicieux, Lila et Philou. De questions en chansonnettes, ils permettent une découverte joyeuse de la capitale, du pont Alexandre-III jusqu'à Notre-Dame. Une heure passée comme par enchantement.

Même principe pour la **croisière Petits Matelots**, entre la tour Eiffel et le square Tino-Rossi. Au fil du parcours, une animatrice présente succinctement ponts et monuments grâce à un jeu de questions-réponses et des anecdotes historiques. Revenus à l'embarcadère, les vaillants marins ont droit à un diplôme de matelot, à colorier en rentrant à la maison. Pour les 5-11 ans, on conseille la **croisière-promenade Les Incollables**, en partenariat avec Playbac, qui publie les célèbres éventails cartonnés du même nom et a sorti pour l'occasion une édition en trois niveaux, *La Seine et ses secrets*. Idéal pour apprendre l'histoire du fleuve en s'amusant. Plus simple et plus court, on peut se contenter d'emprunter, à l'occasion d'une promenade ou d'une visite, un **Batobus**. Ce trimaran relie huit escales en bord de Seine, de la tour Eiffel au Jardin des Plantes. Une expérience dépaysante, que rend encore plus palpitante la "**Chasse au trésor**" conçue pour les 7-12 ans et leur famille, à l'aide d'un livret d'énigmes ; à gagner, un souvenir personnalisé et un "trésor" gourmand remis à l'escale "Tour Eiffel". On peut conjuguer ces approches avec la découverte des **Sentiers nature** touristico-pratiques, édités par la Mairie sur le thème de la Seine à Paris. De 1h45 (2,5 km) à 3h (4,5 km), à pied, en trottinette ou à vélo d'enfant, on se promène à l'est et à l'ouest des rives du fleuve tout en observant les animaux, les arbres et les curiosités naturelles.

Croisière enchantée
Bateaux Parisiens • Ponton n° 1, port de la Bourdonnais, 7e
M° Trocadéro ou RER Champ-de-Mars-Tour-Eiffel
Tél. 0 825 01 01 01 ou 01 76 64 14 68 • bateauxparisiens.com

Croisière Petits Matelots
Les Vedettes de Paris • Port de Suffren, 7e
M° Bir-Hakeim ou RER Champ-de-Mars-Tour-Eiffel
Tél. 01 47 05 71 29 • vedettesdeparis.com

Croisière-promenade Les Incollables
Bateaux Parisiens • Ponton n° 1, port de la Bourdonnais, 7e
M° Trocadéro ou RER Champ-de-Mars-Tour-Eiffel
Tél. 0 825 01 01 01 ou 01 76 64 14 68 • bateauxparisiens.com

Compagnie des Batobus
Port de la Bourdonnais, 7e (au pied de la tour Eiffel)
RER Pont-de-l'Alma
Tél. 0 825 05 01 01 • batobus.com
Pour la "Chasse au trésor", embarquer plutôt à la station "Musée d'Orsay" ou "Tour Eiffel"

Sentiers nature
Dépliants disponibles auprès du service **Paris-Nature**
Tél. 01 43 28 47 63

MUSÉE RODIN

79, rue de Varenne, 7e • M° Varenne ou Invalides
Tél. 01 44 18 61 10 • Du mardi au dimanche de 10h à 17h45
(20h45 le mercredi), de 9h30 à 16h45 d'octobre à mars

Collections permanentes et jardin • Adultes : 6 € • - 18 ans : gratuit
Jardin seul : 2 € • Tarif famille : 2 adultes et leurs enfants
de - 18 ans : 10 €

musee-rodin.fr

Puissance, émotion... et récré au vert

Même non initié à l'art de la sculpture, on succombe facilement au charme du musée Rodin, installé dans l'hôtel Biron, où l'artiste vécut ses dernières années. Tout au long d'un parcours de visite totalement renouvelé, les quelque 500 bronzes et marbres rassemblés s'apprécient simplement, dans leur immédiateté et leur sensualité. Quelques pièces, parmi les plus connues, suffisent pour une première approche. On s'arrêtera devant la puissante *Main de Dieu*, comme sortie du bloc de marbre pour tenir un couple amoureusement enlacé. Puis devant *L'Âge d'airain*, un corps d'homme nu au modelé si saisissant qu'on le crut, lors de son exposition en 1877, moulé sur nature. Les deux versions exposées du *Baiser*, l'une en terre, l'autre en marbre, offrent l'occasion de se livrer au jeu des sept erreurs. Dans la salle dédiée aux œuvres de Camille Claudel, on admirera les quatre délicates *Causeuses* en onyx et en bronze, et, de Rodin, *Le Secret* et *La Cathédrale*, en forme de mains droites, ainsi que le bouleversant *Âge mûr*, métaphore de la rupture entre le vieux sculpteur et sa jeune maîtresse. Bien sûr, une halte s'impose devant le célèbre *Penseur* inspiré par Dante – les enfants auront envie de mimer la pose – et devant *Ugolin et ses enfants*, à quatre pattes, comme un animal, prêt à manger sa progéniture. Au jardin, on retrouve d'un côté le groupe des *Bourgeois de Calais*, de l'autre, *Le Penseur* et *Balzac*. Sur *La Porte de l'Enfer*, un peu plus loin, on reconnaît, en modèles réduits, les sculptures admirées au musée : *Le Penseur*, au centre du tympan, les amants du *Baiser* au-dessous. Et, au milieu du plan d'eau, *Ugolin et ses enfants*.

● **Malin !**
Conclure par une halte-goûter ou un déjeuner à la cafétéria au fond du jardin.

TOUR EIFFEL

Champ-de-Mars, 7ᵉ • Mᵒ Trocadéro ou Bir-Hakeim
Tél. 01 44 11 23 23 • Tous les jours de 9h30 à 23h de janvier à juin
et de septembre à décembre, de 9h à minuit de juin à août
Fermeture des escaliers à 18h30 (sauf l'été)

Ascenseur 2ᵉ étage • Adultes : 9 € • 3-11 ans : 4,50 €
Ascenseur 3ᵉ étage • Adultes : 15,50 € • 3-11 ans : 11 €
Escaliers • Adultes : 5 € • 4 - 11 ans : 3,50 €

tour-eiffel.fr

La Dame de fer, pour prendre de la hauteur

Bien que détrônée en taille par des constructions récentes, la tour Eiffel demeure le monument payant le plus visité au monde. Et, plus d'un siècle après sa construction, les enfants n'ont toujours qu'une idée en tête : monter au sommet de ses 312 m. Par les escaliers, jusqu'au 2ᵉ étage. Ou par l'ascenseur, dont l'usage est de toute façon obligatoire pour accéder au 3ᵉ et dernier étage. L'ingénieur Gustave Eiffel, lui, inaugura "sa" tour en 1889 en gravissant à pied ses 1 710 marches. À 57 m du sol, le 1ᵉʳ étage est le plus vaste, avec ses tables d'orientation, son impressionnante dalle transparente, ses bornes pédagogiques, le long de la coursive extérieure rappelant l'histoire du monument, et son observatoire des mouvements du sommet : jusqu'à 18 cm d'oscillation en cas de vent ou de forte chaleur ! Le 2ᵉ étage est à 115 m, à 700 marches du sol. Pas grand-chose à voir, si ce n'est l'impression d'être au cœur de l'édifice. Au niveau supérieur, à côté du très chic restaurant Le Jules Verne, une cabine mène au sommet. Cette fois, la sensation d'élévation est assez vertigineuse. À l'arrivée, derrière les vitres d'une salle panoramique

se déploie le plus impressionnant des panoramas parisiens. Une astucieuse table d'orientation circulaire, le
long des baies vitrées, reproduit, photos à l'appui, le
paysage et ses monuments. Pratique pour identifier
la tour Montparnasse, la Défense, l'Arc de Triomphe,
le dôme des Invalides ou le Sacré-Cœur. Par un petit
escalier, on atteint l'ultime palier, à 276 m du sol.
La plate-forme, entourée d'une grille, offre une vue
jusqu'à 67 km par beau temps. Mais attention au vertige ! Seuls les plus courageux oseront s'approcher du
bord pour plonger leur regard sur la Seine et le Champ-
de-Mars. Le dernier coup d'œil, avant de redescendre,
sera pour Gustave Eiffel. Une pièce façon Grévin avec
mannequins de cire reconstitue le bureau qu'il s'était
aménagé au sommet de la tour.

8ᵉ ARRONDISSEMENT

ARC DE TRIOMPHE

Place du Général-de-Gaulle (accès par l'avenue
des Champs-Élysées), 8ᵉ • RER Charles-de-Gaulle-Étoile
Tél. 01 55 37 73 77 • Tous les jours de 10h à 22h30 d'octobre à mars,
jusqu'à 23h d'avril à septembre

Adultes : 9,50 € • - 18 ans : gratuit

arc-de-triomphe.monuments-nationaux.fr

Allons, z'enfants de la patrie !

Peu d'enfants savent qu'on peut non seulement tourner en voiture autour de l'Arc de Triomphe, mais aussi pénétrer à l'intérieur, grâce à un passage souterrain traversant la place du Général-de-Gaulle. Sa visite et, surtout, l'ascension jusqu'à son toit-terrasse sont l'une des plus agréables occasions de jouer les touristes à Paris. Inspiré des arcs romains et construit à l'instigation de Napoléon Iᵉʳ, l'Arc est dédié à la gloire de l'empereur, à la Révolution française et à toutes les victoires guerrières. D'où les scènes représentées sur ses façades : face aux Champs-Élysées, la célèbre *Marseillaise* du sculpteur François Rude où la Nation, symbolisée par une femme ailée, conduit les Français au combat pour la liberté ; à côté, *Le Triomphe* de Napoléon en empereur couronné de lauriers ; devant l'avenue de la Grande-Armée, *La Résistance* et *La Paix* d'Antoine Étaix. Dans la partie supérieure de l'Arc, l'Attique, six médaillons sculptés racontent les hauts faits militaires de Napoléon. Enfin, sur la frise faisant le tour du monument se déploie la Grande Armée en ordre de bataille. Vous avez oublié vos jumelles ou n'avez pas envie de vous tordre le cou ? Il suffit de pénétrer à l'intérieur de l'Arc, dans la grande salle de l'Attique, pour contempler de près ce magistral défilé de cavaliers, de grenadiers, de hussards et de sapeurs. En manipulant les deux Arcs miniatures posés, au centre, sur des plots, on fait apparaître sur le mur d'en face les images grand format de la frise. À côté, des écrans vidéo retracent l'histoire de l'Arc et les grands événements dont il fut le témoin, comme l'inhumation du Soldat inconnu en 1921. On termine par un tour sur la terrasse, où une lunette expérimentale s'ajoute aux longues-vues classiques et au plan d'orientation. Cinquante mètres plus bas, Paris et la place de l'Étoile. Splendide !

● **Malin !**
Avec de très jeunes enfants, plutôt que de grimper les 284 marches raides de l'escalier en colimaçon, demander l'accès à l'ascenseur. Et venir en fin de journée, pour éviter la foule. En sortant, assister au ravivage de la flamme du Soldat inconnu, vers 18h30.

MUSÉE CERNUSCHI

7, avenue Vélasquez, 8e • M° Monceau ou Villiers
Tél. 01 53 96 21 50 • Du mardi au dimanche de 10h à 18h

Collections permanentes : entrée libre
Ateliers et visites-contes pour les enfants : réservation
au 01 53 96 21 72 • Adultes : 6 € • Enfants : 5 €
(gratuit pour l'adulte accompagnateur)

cernuschi.paris.fr

La passion de l'Asie

Juste à l'entrée du parc Monceau : une situation idéale pour un musée. Mais la perspective de jeux et de promenades après la visite est loin d'être le principal attrait du musée Cernuschi. Il offre surtout un concentré de pièces spectaculaires, réunies il y a plus d'un siècle par un riche mécène passionné d'art asiatique, Henri Cernuschi. Le parcours chronologique permet d'admirer un immense Bouddha Amida du XVIIIe siècle, d'exceptionnelles statuettes funéraires en terre cuite de personnages et animaux de la Chine rurale, des maquettes de fermes et de maisons... À l'étage, le bestiaire se poursuit. Clou de la collection, un orchestre et ses chanteuses, son danseur acrobate, ses danseuses, son nain bouffon et ses huit cavalières musiciennes tenant chacune un instrument. On demeure bouche bée et il n'est pas difficile, devant ces poses et ces visages expressifs, de se lancer au fil de l'imagination dans un conte qui les mettra en scène et captivera les enfants. Une vraie découverte.

● **Malin !**
Des animations et ateliers permettent de s'initier, en famille, à l'écriture chinoise, au dessin ou à l'art du pliage.

MUSÉE JACQUEMART-ANDRÉ

158, boulevard Haussmann, 8ᵉ • Mᵒ Saint-Philippe-du-Roule
ou Miromesnil • Tél. 01 45 62 11 59
Tous les jours de 10h à 18h • Nocturnes les lundis et samedis
jusqu'à 20h30 en période d'exposition

Adultes : 12 € • de 7 à 17 ans : 10 € • - 7 ans : gratuit
Livrets-jeu de visite (collections permanentes + expositions
temporaires) gratuits • Audioguide gratuit

musee-jacquemart-andre.com

Un musée italien dans un hôtel particulier

Un musée ? Non, une demeure… Somptueuse, mais intime, meublée avec goût et dans laquelle les enfants se sentent à l'aise. Cet hôtel particulier fut édifié entre 1869 et 1875 pour Édouard André, amateur d'art et héritier d'une famille de riches banquiers. Il épousa en 1881 une peintre, Nélie Jacquemart. Transformant son hôtel en palais des merveilles pour l'art italien, le couple se fit rapidement une réputation de collectionneurs hors pair. Devenue veuve en 1894, Nélie poursuivit l'œuvre de son époux avant de léguer leur demeure-musée à l'Institut de France en 1912. Au rez-de-chaussée, en déambulant de salon en salle, on imagine les robes de soie glissant sur le sol lors des réceptions fastueuses, les conversations dans le boudoir, côté femmes, et au fumoir, côté hommes, mais aussi les concerts donnés au salon de musique. Les soirs de grande fête, les cloisons de ces différentes pièces disparaissaient dans le sol pour ne plus former qu'une seule et immense salle ! Tout en rêvant, on admirera des œuvres uniques et notamment celles, au 1ᵉʳ étage, du "musée italien", que le couple André constitua au fil de ses séjours à Florence.

● Malin!

Le musée a mis en place de nombreuses animations dans ses collections permanentes ou lors d'expositions temporaires, en général très courues. Il organise aussi pour les 4-6 ans et les 7-12 ans avec ateliers Kapla sur le thème de l'architecture italienne ou portrait au pastel.
Le tout se termine par un goûter dans le "plus beau salon de thé de Paris". Royal!

MUSÉE NISSIM-DE-CAMONDO

63, rue de Monceau, 8ᵉ • Mº Villiers ou Monceau
Tél. 01 53 89 06 50 • Du mercredi au dimanche de 10h à 17h30

Adultes : 9 € • - 18 ans : gratuit

Visite théâtralisée en famille (1h30) : 12 € + entrée tarif réduit
(6,50 €) • Réservation au 01 44 55 59 26 • Visites-ateliers pour les
4-10 ans certains mercredis • Réservation au 01 44 55 59 25
ou 01 44 55 59 75

lesartsdecoratifs.fr

Une très belle maison de famille

Quel enfant ne s'est imaginé avoir le parc Monceau pour lui tout seul, comme un immense terrain de jeu privé ? Visiter le musée Nissim-de-Camondo, c'est un peu entrer dans le rêve… Et dans la vie de Moïse de Camondo, mécène et collectionneur qui fit édifier au début du XXᵉ siècle, à la lisière du parc, cet hôtel inspiré du Petit Trianon. C'est aussi découvrir avec émotion l'histoire d'une famille au destin tragique. Le fils, Nissim, mourut dans un combat aérien pendant la Première Guerre mondiale, tandis que la fille, Béatrice, et ses enfants furent déportés et tués à Auschwitz deux décennies plus tard. Leur maison allie le raffinement du XVIIIᵉ siècle à tous les critères du confort en usage au début du siècle dernier. Au sous-sol, des cuisines splendides avec une laverie attenante pour la plonge, une salle à manger pour le personnel et un office ; au rez-de-chaussée, des pièces de réception vastes et claires ouvrant sur un jardin aux buis taillés "à la française" qui, jadis, communiquait directement avec le parc Monceau. Leur remarquable ameublement XVIIIᵉ peut servir de fil conducteur pour un apprentissage vivant des styles Louis XV, tout en lignes courbes, et Louis XVI, aux formes sévères inspirées de l'Antiquité. À l'étage, on s'extasie sur la salle de bains, qui n'existait alors que chez les riches : une baignoire, une vasque, un lave-pieds, un bidet en grès émaillé, de somptueuses robinetteries et même un sèche-linge à circulation d'eau chaude. Aussi bien qu'au XXIe siècle !

● **Malin !**
Pour plonger dans l'ambiance, suivez la visite théâtralisée menée par le maître d'hôtel de la demeure, deux dimanches par mois sur réservation.

PALAIS DE LA DÉCOUVERTE

Avenue Franklin-D.-Roosevelt, 8ᵉ
M° Franklin-D.-Roosevelt ou Champs-Élysées-Clemenceau
Tél. 01 56 43 20 21 • Du mardi au samedi de 9h30 à 18h,
le dimanche de 10h à 19h

Adultes : 9 € • Enfants : 7 € • - 6 ans : gratuit
Supplément Planétarium : 3 €

Se renseigner sur les animations prévues

palais-decouverte.fr

La tête dans les étoiles, et les souris en folie !

On pourrait dire, parodiant une pub jadis célèbre, que l'on trouve tout au Palais de la Découverte. Des expositions temporaires accessibles, des démonstrations scientifiques impressionnantes, un planétarium qui fait rêver, des rats apprivoisés, des expériences amusantes, des ateliers... En tout cas, tout ce qu'il faut pour passer en famille une après-midi amusante, en développant la curiosité et l'envie d'apprendre. Depuis son inauguration en 1937, c'est la vocation même de ce temple de l'expérimentation scientifique axé sur la physique, la chimie, les sciences de la Terre, de la vie, l'astronomie, l'astrophysique et les mathématiques. Chaque domaine de savoir est abordé par des animations et manipulations, accompagnées d'un texte explicatif. Interactif avant l'heure ! Pour approfondir ses connaissances, les médiateurs s'imposent. Parmi leurs 40 exposés quotidiens, les expériences de dressage des grenouilles et des rats, l'air liquide et, bien sûr, la présentation spectaculaire de l'électrostatique, avec cheveux dressés sur la tête et rayons lumineux façon *Guerre des étoiles*, sont les préférées des enfants. Le

clou de la journée est la séance "Initiation à l'astronomie" au Planétarium. Pendant que les astres accom-
plissent leur rotation sur la voûte circulaire de 15 m,
l'animateur scientifique répond à toutes les questions
que l'on se pose en regardant le ciel. Une passionnante
leçon de 45 minutes, qui conjugue moyens technolo-
giques et poésie mystérieuse de l'espace.

● **Malin !**
Repérez à l'avance, sur le site, les horaires des exposés au Palais et
ceux des ateliers du Planétarium adaptés à l'âge de vos enfants ;
organisez votre visite en fonction.

Parc Monceau

Accès principal par le boulevard de Courcelles, 8ᵉ
M° Monceau
Accès libre
paris.fr

Moins corseté que jadis, le parc Monceau est l'un des rares poumons verts du Nord parisien. Y pique-niquer le dimanche sur les pelouses autorisées en alternance ne manque pas de charme, même lorsque l'endroit est très fréquenté (préférer le matin). À son crédit, son élégance classique rythmée par des statues, un grand bassin, une rotonde marquant l'entrée signée Nicolas Ledoux et une certaine poésie des ruines, caractéristique de l'époque de son aménagement, à la fin du XVIIIᵉ siècle. Aujourd'hui, les enfants y apprécient surtout le manège, dans l'allée principale, les balançoires à l'ancienne, juste derrière, les quelques espaces où se défouler au ballon et une petite aire de jeux, à l'ouest, précédée d'un minicircuit rollers et patinette, piste d'entraînement idéale pour les débutants.

9e ARRONDISSEMENT

MUSÉE GRÉVIN

10, boulevard Montmartre, 9e • M° Grands-Boulevards
Tél. 01 47 70 85 05 • Du lundi au vendredi de 10h à 18h30,
samedi, dimanche et vacances scolaires jusqu'à 19h

Adultes : 24,50 € • 6-14 ans : 17,50 € • - 6 ans : gratuit
Visites contées en costume pour les 7-12 ans (2h) sur réservation
samedi et dimanche hors vacances scolaires à 14h30 : 20,50 €

grevin-paris.com

Un panthéon de cire pour rire et s'instruire

Difficile de faire plus kitsch que ce musée de cire. Pourtant, depuis sa création à la fin du XIXe siècle, Grévin demeure un lieu plébiscité par les enfants – qui, à l'inverse de leurs parents, préfèrent en général les salles d'actualité, et leurs mannequins des vedettes du moment, aux salles historiques. Au cours de la visite, on traverse notamment le Palais des mirages, puis le ravissant théâtre à l'italienne surnommé Théâtre joli, où le "vrai" public se mêle aux "faux" artistes ; enfin, une succession de décors occupés par leurs hôtes célèbres : l'Élysée, un bistrot parisien, une loge d'artiste, un studio photo… Au sous-sol, c'est l'histoire de France présentée à rebrousse-temps : des impressionnistes à la Peste noire, en passant par Louis XVI à la Bastille, d'Artagnan, Ravaillac assassinant Henri IV ou le massacre de la Saint-Barthélemy. Fin du parcours dans la belle salle baroque de la Coupole, puis dans celle dite des Colonnes, avec les figures mythiques de la collection Grévin, telles que Barbie ou Charlie Cha-plin. De temps en temps, quelques comédiens en chair et en os, travestis en gendarme ou en médecin, jouent à confondre les visiteurs. Soyez perspicaces !

● **Malin !**
Prendre son appareil photo et faire poser ses enfants à côté des stars du show-biz ou du sport.

OPÉRA GARNIER

Place de l'Opéra, 9e • M° Opéra
Tél. 01 40 01 22 63 • Visites libres tous les jours de 10h à 17h

Adultes : 10 € • Enfants : 6 € • - 10 ans : gratuit
Parcours-jeux : 3 €

Visites guidées (1h30) mercredi, samedi et dimanche, et tous les
jours pendant les vacances scolaires à 11h30 et 15h30 • Adultes :
14 € • - 10 ans : 12,50 € • Renseignements : 0 825 05 44 05

visitepalaisgarnier.fr

Or, marbres, musique et petits rats

Pour les petits rats en herbe, l'Opéra Garnier est une
destination incontournable. Mais même les néophytes
en danse ou en musique seront époustouflés par ce
temple du ballet et de l'art lyrique, coup de maître d'un
jeune architecte, Charles Garnier, achevé en 1874. À
droite de la façade, repérer le groupe de *La Danse* du
sculpteur Carpeaux. Ce n'est qu'une copie, due à Paul
Belmondo, le père de l'acteur – l'original se trouve
depuis 1964 au musée d'Orsay. À l'intérieur, on est
frappé par les dimensions majestueuses du théâtre.
Il ne compte pourtant "que" deux mille et quelques
places, Garnier ayant voulu réserver un large espace
aux déambulations du public. D'où ce magnifique escalier en marbre à double révolution menant aux différents niveaux, dont la montée seule est déjà un plaisir.
Pour avoir une vue complète de la scène, il faut atteindre
le 2e étage, qui dessert les premières loges. Éclairée par
les 400 lumières du lustre de cristal central, la voûte est
couronnée par le plafond peint de Marc Chagall. Dans
le Grand Foyer, on déambule en imaginant les fastes
du siècle passé. Quant aux fameux petits rats célébrés

jadis dans le feuilleton *L'Âge heureux* d'Odette Joyeux, ils sont depuis longtemps transférés à l'École de danse de Nanterre, mais reviennent chaque année sur la scène du Palais Garnier, lors de spectacles de grande qualité parfaits pour une initiation. En partant, saluer la statue d'Apollon, dieu de la Musique et de la Poésie.

● **Malin !**

Si l'on est fan de danse et d'opéra, on peut aussi guetter les excellents spectacles de l'Amphi Bastille, au sous-sol de l'**Opéra Bastille** (12e), destinés au jeune public. Renseignements et réservation au 08 92 89 90 90.

Passons par les passages

Voici une promenade à l'extérieur, mais quasiment toujours à l'abri des intempéries, ce qui en fait la sortie idéale des dimanches pluvieux. Rien d'extraordinaire à voir ou à visiter ; juste le plaisir, inépuisable, de flâner dans une série de galeries élégantes, datant du milieu du xixᵉ siècle, et de faire du lèche-vitrines devant leurs magasins de curiosités. D'autant que, en la matière, il y en a pour tous les goûts et tous les âges : **passage Verdeau**, une librairie de BD anciennes exposant ses *Tintin* et autres *Bécassine* ; **passage Jouffroy**, une boutique d'affiches et de cartes postales de cinéma, un long étal de bouquiniste d'art, des magasins de figurines ou de jouets à l'ancienne, avec tout l'équipement des maisons de poupée. On y entre pour le plaisir des yeux ou l'on se contente de se balancer sur le cheval en bois installé dans la galerie. Après avoir traversé les Grands Boulevards, on peut enchaîner sur le **passage des Panoramas**, plutôt dédié à la mode et à la restauration, qui débouche derrière la place de la Bourse, terre-plein idéal, parce que désert le dimanche, pour s'entraîner aux rollers ou à la patinette !

Accès au passage Verdeau par le 31 bis, rue du Faubourg-Montmartre, puis, dans le prolongement, au passage Jouffroy par le 6, rue de la Grange-Batelière, 9ᵉ

10e ARRONDISSEMENT

ASSOCIATION FRANÇAISE DES AMIS DES CHEMINS DE FER (AFAC)

Gare de l'Est, 10e. Descendre la rampe d'accès au parking P1
(à gauche de la gare). Dans la cour souterraine, sonner à l'interphone
de la porte n° 9 • M° Gare-de-l'Est
Tél. 01 40 38 20 92
Le samedi entre 14h30 et 19h sauf veille de fêtes et mois d'août

afac.asso.fr

Roulez, jeunesse !

Ça commence comme un jeu de piste, ou comme un chapitre de *Harry Potter*. Descendre la rampe d'accès au parking P1 et, dans la cour, sonner à la porte n° 9. Quelques marches plus bas, devant les yeux écarquillés des enfants, se déploie un réseau complet de voies ferrées, de gares, d'éléments de paysage et, surtout, de trains miniatures. Aux manettes de ces merveilles, de très sérieux grands-pères et quelques "jeunots" saisis de la passion du modélisme ferroviaire réunis au sein de l'Afac, une association créée à la Libération par des amoureux du rail. Chaque samedi, ils viennent faire tourner leurs modèles dans cet antre généreusement ouvert à la curiosité du public, enfants compris, à condition qu'ils soient accompagnés... et calmes. Le local comprend deux salles : la première, plus petite, accueille des maquettes au 1/87e (réseau HO), de la taille de jouets d'enfant. La seconde, plus vaste, est consacrée au réseau 0, au 1/43,5e, aux dimensions impressionnantes. Régulièrement disposés sur le parcours, des feux de signalisation ou d'aiguillage arrêtent les mouvements des trains, qui repartent quelques secondes plus tard. Leur vitesse réelle ne dépasse pas 5 ou 6 km/h, ce qui, rapporté à leur taille et à leur masse, équivaut à près de 200 km/h ! Sans cesse, il faut surveiller les connexions électriques, le fonctionnement des passages à niveau et les aiguillages, inspecter une locomotive déficiente ou réparer un élément du décor. Une mission dont s'acquittent les adhérents de l'Afac, tout en répondant de bonne grâce aux questions des visiteurs.

Canal Saint-Martin

~~~~~~

De la rue du Faubourg-du-Temple (M° République)
jusqu'à la place de la Bataille-de-Stalingrad (M° Jaurès), 10ᵉ
Accès libre
paris.fr

À tout âge et en toute saison, on se laisse prendre au charme des berges du canal, des écluses, des ponts tournants, des passerelles et des péniches. Ne serait-ce que pour apprendre comment un bateau peut remonter cette voie d'eau longue de plus de 4 km – dont deux, enterrés sous le boulevard Richard-Lenoir, sans se soucier des dénivelés. Il suffit de se poster au croisement avec la rue du Faubourg-du-Temple et d'attendre la première embarcation pour délivrer aux enfants ravis une première leçon sur le fonctionnement des écluses.

À renouveler *ad libitum* – il y a neuf écluses jusqu'au bassin de la Villette – en descendant quai de Jemmapes vers la Grange-aux-Belles, ou quai de Valmy vers le couvent des Récollets (où sont régulièrement exposés des artistes en résidence). Au fil de la promenade, on grimpe sur les passerelles, on guette les péniches, on flâne sur les berges, on bronze tranquillement l'été, on regarde les feuilles tomber à l'automne.

On y fait aussi du shopping en toute saison, même le dimanche, tant ce coin du vieux Paris rebaptisé "Boboland" est devenu un des repaires de la mode.

Et si une halte s'impose, les bars, restos et salons de thé-brunchs tendance sont légion. Les enfants adorent, leurs parents aussi. On peut aussi faire une halte détente ou un pique-nique au **jardin Villemin**, le long des berges, s'il n'est pas trop bondé !

11e
ARRONDISSEMENT

CENTRE KAPLA

27, rue de Montreuil, 11e • M° Faidherbe-Chaligny
Tél. 01 43 56 13 38 • Mercredi et samedi, et tous les jours
pendant les vacances scolaires

Séance de 1h30 à 10h30, 14h30 et 16h30 sur réservation : 15 €

kaplacentre.com

Architectes junior

Une météo maussade, une après-midi languissante, un manque d'inspiration ? Ne cherchez plus : pour les enfants imaginatifs et patients, la solution idéale, c'est le Centre Kapla. Sous la houlette d'animateurs, on s'y initie ou s'y perfectionne à l'art de la construction avec, pour unique matériau, des briquettes de bois identiques à empiler. Des modèles et des formes sont proposés, mais rien n'est imposé. On peut participer à une création collective, comme les pyramides ou la tour de Pise – attention, elle penche, mais ne tombe pas ! –, ou bien s'entraîner tranquillement dans son coin. Même les parents peuvent retrouver leur âme d'enfant et s'exercer de leur côté. Et les heures passent comme par enchantement...

Jardin nomade

48, rue Trousseau, 11ᵉ • Mᵒ Ledru-Rollin
Accès libre
Liste des jardins partagés disponible sur
paris.fr

Ce n'est pas le plus grand, ni le plus ancien. Mais le Jardin nomade est assez représentatif de l'esprit de ces jardins collectifs qui fleurissent depuis quelques années à Paris. Géré par l'Association du quartier Saint-Bernard, il accueille enfants des écoles, habitants du coin et simples curieux. Les parcelles de 1 m², très convoitées, sont cultivées par les riverains, qui y font pousser fleurs et légumes. Un samedi soir par mois, les jardiniers amateurs se transforment en cuisiniers pour mitonner une soupe gratuite – de légumes du jardin, *of course* – à l'intention des voisins. En attendant, ici comme dans la quarantaine de jardins partagés parisiens, on peut toujours, le week-end, pousser la porte en famille pour savourer le plaisir d'un coin de nature en plein Paris.

MUSÉE DE POCHE

2, rue Auguste-Barbier, 11e • M° Goncourt • Tél. 01 48 07 25 08
Du mardi au vendredi de 11h à 19h, le samedi de 10h à 19h,
un dimanche par mois de 14h30 à 18h

Accès libre • Ateliers payants à partir de 8 €

museedepoche.fr

Petite surface, grande ambition

Avec ses 40 m^2, le musée de Poche, créé en 2012, mérite bien son nom. Pourtant, malgré sa taille exiguë, son ambition est grande : mettre l'art contemporain à la portée des plus petits. Pour cela, sa fondatrice Pauline Lamy, une ex de la Maison des Contes et des Histoires (voir page 44) a aménagé un espace cosy avec mobilier adapté et mini-librairie, où l'on vient en libre accès découvrir, guidé ou non selon son choix, des expositions temporaires mensuelles d'illustrateurs jeunesse. On peut aussi participer à l'un des ateliers organisés chaque semaine pour les enfants et leurs parents, comme cet "Art d'être bébé" proposé le samedi matin aux 0-3 ans sous forme de conte sensoriel, ou ces "Arty-minis" les mercredis et samedis, où les 2-3 ans expérimentent, avec tenue adaptée fournie (!), une rencontre très corporelle avec les arts plastiques. À moins qu'on ne choisisse le rendez-vous "Arty family" du dimanche après-midi, ou, plus classiquement, une séance de conte inspirée par les œuvres exposées et suivie d'un goûter (à partir de 4 ans le samedi après-midi).

LE ZÈBRE DE BELLEVILLE

63, boulevard de Belleville, 11ᵉ • M° Belleville
Tél. 01 43 55 55 55
Le samedi de 14h à 16h30, le dimanche de 14h30 à 17h

Entrée + goûter : 19 € de 2 à 11 ans, 21 € au-delà

lezebre.com

Tous en piste !

Le cirque, c'est encore mieux quand on peut participer. Fort de ce principe que les enfants approuvent sans réserve, le créateur du concept "Une journée au cirque", à Villeneuve-la-Garenne, propose dans un ancien cinéma de quartier un véritable spectacle interactif familial, les "Z'Ateliers Cirque". Dès l'ouverture des portes, on va se faire maquiller par les artistes eux-mêmes. Ensuite, spectacle de cirque avec numéros de jonglage, de fil souple, de dressage et de clowns. Puis minipause-goûter avant l'entrée en piste, à 16h. C'est le moment préféré des juniors, qui participent aux animations orchestrées par les Circassiens : entraînement au trapèze, à l'équilibrisme, aux jongleries, aux acrobaties. Une initiation courte, mais intense.

12ᵉ
ARRONDISSEMENT

AQUARIUM TROPICAL
DE LA PORTE DORÉE

Palais de la Porte dorée • 293, avenue Daumesnil, 12ᵉ
M° Porte-Dorée • Tél. 01 53 59 58 60 • Du mardi au vendredi de 10h
à 17h30, samedi et dimanche jusqu'à 19h

Hors période d'exposition • Adultes : 5 € • Enfants : 3,50 €
- 4 ans : gratuit
Forfait famille (1 adulte + 1 enfant de -18 ans) : 7 €

Visites-conférences, découverte ou ateliers sur réservation

aquarium-portedoree.fr

Poissons extraordinaires et crocodiles albinos

C'est l'une des visites favorites des tout-petits, qui ne se lassent pas du plaisir de contempler les "gros poissons". Ce faisant, ils sacrifient à une tradition déjà ancienne, puisque l'Aquarium tropical a été créé en 1931, en même temps que l'ex-musée des Arts africains et océaniens, devenu Cité nationale de l'Histoire de l'immigration. On y accède par quelques marches menant au niveau rez-de-jardin de l'édifice. Autour d'un grand bassin circulaire, une longue galerie présente au total une centaine d'aquariums. Dedans, des "poissons primitifs" apparus il y a 250 millions d'années, des raies, des animaux marins (ou coraux) du Pacifique qui se confondent avec des cailloux, des poissons-fléchettes, des demoiselles vertes nageant avec les chirurgiens jaunes, des hippocampes, des poissons-cardinal, feuille, rasoir, cœur saignant ou éléphant, dont les noms sont souvent plus poétiques que l'apparence, ou même des piranhas et requins montrant gentiment les dents. Succès garanti. Au centre de la galerie et en contrebas, clou de la visite, l'Aquaterrarium. Une vingtaine de tortues y barbotent ou demeurent immobiles, à deux pas des princes des lieux, les crocodiles !

● **Malin !**
Un parcours-jeu gratuit pour les enfants est distribué à l'accueil.

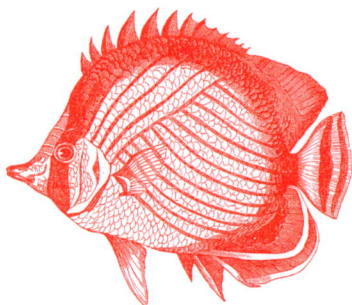

CINÉMATHÈQUE FRANÇAISE

51, rue de Bercy, 12e • M° Bercy
Tél. 01 71 19 33 33
Lundi, mercredi, vendredi et samedi de 12h à 19h,
le jeudi jusqu'à 22h, le dimanche de 10h à 20h

Entrée • Adultes : 6 € • 7-18 ans : 3 € • - 6 ans : gratuit
Projections • Adultes : 6,50 € • - 18 ans : 3 €

cinematheque.fr

Tout le septième art

Pourquoi aller visiter la Cinémathèque, alors que tant de cinémas parisiens proposent de formidables programmes d'art et d'essai jeune public (voir page 60) ? Parce que ce temple du septième art, installé dans un bâtiment signé Frank Gehry, est le gardien des trésors patiemment accumulés par Henri Langlois, cinéphile et pédagogue passionné. Des anamorphoses, des lanternes magiques, des pantomimes lumineuses voisinant avec des objets cultes – la cape du *Voyage dans la Lune* de Méliès, la peau d'âne de Catherine Deneuve dans le film de Jacques Demy ou le robot de *Metropolis*. Mais Bercy, c'est aussi la cinémathèque des enfants. D'où l'avantage de pouvoir, le mercredi ou le dimanche, combiner la visite de l'exposition avec une bonne vieille toile en famille. Au programme, des classiques tout public introduits par un présentateur, comme dans les ciné-clubs d'antan, selon des thématiques renouvelées chaque trimestre et qui proposent le meilleur de la cinéphilie jeune public. En prime, pour les mordus, un atelier ciné. Quant aux "baby spectateurs" dès 3 ans, ils bénéficient quatre fois dans l'année de minispectacles cinématographiques mis en scène par la comédienne Marie Bobine.

Ferme de Paris

~~~~~~

Bois de Vincennes • 1, route du Pesage, 12ᵉ
M° Château-de-Vincennes, bus 112 (arrêt Plaine-de-la-Faluère),
puis 15 min de marche • Tél. 01 71 28 50 56
Samedi et dimanche de 13h30 à 18h30
En juillet-août et pendant les vacances de printemps, ouvert
également du mardi au vendredi de 13h30 à 17h30 • Programme des
animations saisonnières sur le site • Accès libre
paris.fr

Incroyable, mais vrai. Aux portes de Paris, une vraie ferme
résonne des cris de la basse-cour. Cette exploitation de
5 hectares, exclusivement pédagogique, a été créée en 1989
à l'initiative de la Mairie. On y passe volontiers l'après-midi,
tant il est agréable de pouvoir se promener, marcher, courir
d'un bâtiment à l'autre. L'étable, où se prélassent des vaches
normandes, des veaux et des chèvres, sent bon la paille.
Dans le champ avoisinant braient des ânesses. Les clapiers
à lapins abritent des espèces devenues rares, tel le fauve
de Bourgogne, considéré comme trop gras pour l'élevage.
Le poulailler est le refuge des oies normandes, des canards
rouennais, des dindes rouges, et la porcherie est occupée
par quatre belles truies. Aux alentours, un potager exploité
par les enfants des écoles, quelques parcelles de céréales
moissonnées en juin-juillet, des enclos de baies et fruits
rouges et un verger, dont on déguste les pommes et poires
juteuses à la belle saison. Moments à ne pas manquer :
la journée des nouveau-nés en mars, celle de la tonte en
mai, celle des moissons en juillet et, en octobre, celle des
confitures.

JARDIN DES PAPILLONS

Parc Floral · Bois de Vincennes, 12e
(informations pratiques page 120)
M° Château-de-Vincennes, puis 10 min de marche
Tous les jours de 13h30 à 17h30 de mai à octobre,
samedi et dimanche jusqu'à 18h30 de mai à septembre

Accès libre

paris.fr

Papillons volent !

Le point commun entre une abeille et un papillon ? Réponse au Parc floral, dans le pavillon n° 6, situé entre la vallée des Fleurs et les plantes aromatiques : ils participent tous deux à la reproduction des plantes à fleurs. Sous cette mini-oasis vitrée, les futurs collectionneurs apprennent tout sur la reproduction et les mœurs des papillons. D'abord, on observe dans les vitrines d'autres espèces, telles que les mouches à miel, les phasmes, les moroses ou les blattes géantes du Mexique savourant un quartier de pomme ; puis on admire, derrière leur filet de gaze, près de 300 papillons parisiens de petite taille, volant entre les orties et les plantes vertes domestiques. Une centaine d'entre eux éclôt chaque semaine dans la nursery et, avec un peu de chance, on peut les voir sortir de leur chrysalide et prendre leur premier envol.

Parc floral

Bois de Vincennes (12e) • M° Château-de-Vincennes,
puis 10 min de marche • Tél. 01 43 28 41 59
Tous les jours de 9h30 à 17h ou 20h selon la saison
Accès libre • Mercredi, samedi et dimanche en été,
jours d'animations et de concerts : de 2,75 à 5,50 €
Rollers, patinettes, chiens et vélos interdits
parcfloraldeparis.com

Pour s'initier à la beauté des fleurs, pas de meilleur endroit
que ce parterre de 35 hectares et ses quelque 3 000 plantes
à l'orée du bois. Même sans but, on a toujours plaisir à s'y
promener le dimanche, à condition de venir de préférence
le matin, lorsque les fleurs sont encore fraîches… et qu'il n'y
a pas la queue aux caisses ! La composition de la vallée des
Fleurs, derrière la chênaie, change chaque année en fonction
du thème choisi. Devant s'étend un petit lac au bord duquel
il fait bon paresser au soleil. En le longeant sur la droite, on
rejoint un bassin couvert de nymphéas, puis le jardin d'Iris.
Viennent ensuite le coin des azalées, la pinède, la fougeraie
et le fameux jardin des Quatre Saisons, fleuri toute l'année
avec ses jacinthes et ses chrysanthèmes.
Au détour des allées, des massifs de fleurs de saison,
des bonsaïs, des plantes méditerranéennes, des plantes
médicinales : un enchantement pour les yeux. Mais, pour
les plus jeunes, la zone la plus attractive demeure, outre
le jardin des Papillons (voir page 119), la vaste aire de
jeux près de l'espace pique-nique. Toboggans, ponts, tour
Amazone et sa grande glissade de 6 m, bacs à sable, jeux à
ressorts, filet, balançoires, tourniquet et poulie de 25 m font
leurs délices. Quelques tables de ping-pong sont aussi à
disposition. D'autres activités – piscine à boules, autos, jeu
de piste "Les Trésors du parc", parcours acrobatique dans

les arbres dès 6 ans – sont proposées en accès payant. Pour une visite complète du parc, les familles sportives loueront une Rosalie, sorte de voiture-pédalo à quatre roues plébiscitée par les enfants. Quant aux plus fatigués, ils prendront le petit train !

● **Malin !**

De mai à septembre, profiter gratuitement le dimanche des concerts classiques et de jazz, le mercredi des **"Pestacles"** pour les 3-10 ans sur la scène du Delta, et le samedi du Guignol sous le patio face au restaurant. Informations à la Maison du Parc et du Bois.

Les meilleurs spots
pour pique-niquer

Dès le premier rayon de soleil, ça démange : et si on pique-niquait ? Reste à trouver le spot idéal, qui offre à la fois verdure, calme et espace où s'ébattre pour les enfants.

JARDIN CATHERINE-LABOURÉ, 7e / **Les plus :** une enclave de charme presque invisible de la rue, où l'on peut s'allonger à l'ombre d'un arbre, tranquille comme un jardin de curé – c'est d'ailleurs l'ancien potager du couvent des Filles de la Charité. **Les moins :** pas vraiment de jeux aménagés. Quant au potager pédagogique, il n'est accessible qu'à certaines heures.

ESPACES ZZZZ, 7e / **Les plus :** de drôles de containers maritimes revisités, vitrés et aménagés pour pique-niquer dedans ou en terrasse, ou jouer en famille même en cas d'averse imprévue, tout en regardant couler la Seine. **Les moins :** le côté bocal, et leur nombre restreint – 4 seulement –, à réserver vraiment à l'avance.

PARC DE BERCY, 12e / **Les plus :** la Grande Prairie, ouverte et dégagée, avec de la place pour jouer au ballon et même, à côté, une piste de roller-skate (voir page 126). **Les moins :** plus impersonnel qu'un parc historique, pelouses pas toujours bien entretenues.

BOIS DE VINCENNES, 12e // **Les plus :** tout autour du lac Daumesnil traversé de barques, on se croit revenu au temps des guinguettes. Plus loin, on trouve des clairières pour jouer au ballon. **Les moins :** très fréquenté le dimanche.

Parc de la Cité universitaire, 14ᵉ / **Les plus :** un parc de 34 hectares, semé de bâtiments d'architectes, dont certains classés. **Les moins :** une ambiance plus "étudiants" – ils vivent sur place – que "famille". Pour les plus petits, mieux vaut venir avec des copains de leur âge plutôt que compter s'en faire sur place.

Bois de Boulogne, 16ᵉ / **Les plus :** location de barques sur le lac inférieur et pêche de têtards possible. **Les moins :** une allure plus aménagée, moins naturelle que son pendant de l'Est parisien.

Parc de Saint-Cloud, 92 / **Les plus :** à une encablure de métro, un parc immense, qui conjugue un jardin à la française dessiné par Le Nôtre, avec jets d'eau et Grande Cascade, et des coins où se poser sans voir personne. Jeux d'enfants et location de vélos en prime. **Les moins :** en sortant du métro, un accès peu plaisant à pied, qui contraint à longer pendant quelques minutes une bretelle autoroutière.

PARC ZOOLOGIQUE DE PARIS

Entrée à l'angle de l'avenue Daumesnil et de la route de la Ceinture-du-Lac, 12ᵉ • Mº Porte-Dorée • Tél. 01 40 79 31 25
Du lundi au vendredi de 10h à 18h, de 9h30 à 19h30 samedi, dimanche, jours fériés et vacances scolaires toutes zones
De 10h à 17h tous les jours de mi-octobre à mi-mars

Adultes + 26 ans : 22 € • - 26 ans : 16,50 € • 4-11 ans : 14 € • - 3 ans : gratuit

parczoologiquedeparis.fr

Voyages en biozones

Ne dites plus "zoo", mais "biozones". Rouvert en 2014 après six ans de fermeture, le vaste espace en lisière du bois de Vincennes dédié aux animaux sauvages recrée cinq environnements naturels et abrite leurs hôtes issus de 180 espèces. Au long d'une promenade de plus de 4 km, on passe ainsi de la Patagonie au Sahel-Soudan (la zone la plus vaste du parc avec ses 4,5 hectares), à l'Europe, la Guyane et Madagascar, admirant au passage près d'un millier d'animaux. Enfin, si l'on réussit à les voir... L'aménagement architectural privilégie en effet le bien-être animal au détriment de la curiosité des visiteurs, et ce malgré un ticket d'entrée revu (très !) à la hausse... Avec un peu de chance, vous apercevrez donc des zèbres, girafes, babouins, oryx et rhinocéros blancs évoluant paisiblement dans une savane reconstituée, là où auparavant, ils étaient parqués dans des enclos séparés. Sous la grande serre tropicale, chauffée à 25°, on découvre le caïman nain, l'ara hyacinthe, plus grand perroquet du monde, et les reptiles dans leurs vivariums. Dans la zone pampa, le putu des Andes cohabite avec le nandou de Darwin, cousin de l'autruche, tandis que des otaries à crinière s'ébattent dans d'immenses bassins transparents. Des points de vue vitrés permettent, théoriquement, d'observer les loups et lynx du Vieux Continent. Plutôt que de traquer, parfois en vain, des animaux jouant à cache-cache avec les visiteurs, assistez aux séances de nourrissage annoncées sur le site du Parc et ne manquez pas, pour en savoir plus, les kiosques d'exploration interactifs situés à la sortie de chaque biozone.

Promenade plantée (Coulée verte)

Accès par la place de la Bastille (M° Bastille)
jusqu'au bois de Vincennes, 12e
Accès libre
paris.fr

Une vraie promenade. Verte, plantée, avec des surprises, des clairières et des recoins. Serpentant à hauteur d'immeuble, sur le tracé de l'ancienne ligne de chemin de fer reliant l'est de Paris à sa banlieue, la Coulée verte domine la rue et ménage çà et là des points de vue sur les toits et immeubles parisiens, tout en offrant le plaisir de respirer les fleurs sauvages. Cette expérience dépaysante transforme, même chez les petits, la simple marche en plaisir. Autre bonheur : dès qu'un marcheur fatigue, il est possible de s'arrêter dans l'un des quatre jardins croisant le parcours : Hector-Malot, de Reuilly, de la gare de Reuilly et Charles-Péguy. Le jardin de Reuilly, le plus vaste, bénéficie d'une grande pelouse parfaite aux beaux jours, d'un bassin, d'une grotte et de nombreux jeux pour enfants. Une halte dont le seul défaut est qu'elle risque… de se prolonger !

Roller parc du parc de Bercy

Accès par la rue Paul-Belmondo, 12ᵉ • M° Bercy
Tél. 01 44 68 12 12
Accès libre à partir de 8h
paris.fr

Au cœur du parc de Bercy, le plus agréable des *rollers parcs* de la capitale satisfait amplement aux critères exigeants des fans de la glisse : 800 m² d'équipements qui en font le deuxième superficie derrière l'espace Davout – mais nettement plus convivial pour les accompagnants –, un mur de protection tagué selon les règles de l'art et une étroite banquette de béton pour souffler entre deux figures. Ses huit modules, ses trois rampes et ses équipements (vague, *curb*, etc.) en font le lieu privilégié des pratiquants déjà avancés, amateurs d'acrobaties assez audacieux pour se lancer dans le *street*, plus agressif. Du coup, à la belle saison, il est préférable de tenter sa chance le samedi matin plutôt que le dimanche après-midi. À noter : un toit protège l'espace de glisse de toutes les intempéries. Du coup, on s'y entraîne toute l'année.

13e ARRONDISSEMENT

ART LUDIQUE - LE MUSÉE

34, quai d'Austerlitz, 13e • M° Gare-d'Austerlitz
Ouvert tous les jours de 11h à 19h sauf le mardi

Adultes : 15,50 € • -12 ans : 10 €

artludique.com

Décoder la 3D

Niché dans le bâtiment ultra-contemporain de la Cité de la Mode et du Design, Art ludique - le musée a pour objectif de faire découvrir aux petits comme aux grands l'univers des comics, des mangas, du cinéma d'animation ou des jeux vidéos à travers des planches d'artistes, des figurines de super-héros, des vidéos inédites ou bien encore des sculptures en résine des personnages. Au cours des expositions à la scénographie toujours innovante, l'enfant pourra se glisser dans la peau d'un créateur de jeu vidéo grâce aux nouvelles technologies numériques disséminées aux quatre coins du musée : un bon moyen de faire éclore sa fibre geeko-artistique !

Parc de Choisy

Accès par le 128-160, avenue de Choisy, rue George-Eastman,
rue Charles-Moureu ou rue du Docteur-Magnan, 13ᵉ
M° Tolbiac
Accès libre
paris.fr

Au parc de Choisy, les enfants sont les rois : de l'espace pour se promener et courir, des bancs ombragés pour se reposer, des pelouses pour s'ébattre, un bac à sable pour patouiller, un manège pour tournoyer, des jeux de dames géants, des tables de ping-pong en libre accès, des baby-foot et des aires de jeux plus originales qu'ailleurs pour se distraire.
Ils peuvent en prime assister à une séance du seul Guignol parisien à perpétuer la véritable tradition lyonnaise. Ensuite, ne reste plus qu'à se dégourdir les jambes sur la piste de patins-rollers.

Parc Kellermann

Accès par le boulevard Kellermann
ou la rue de la Poterne-des-Peupliers, 13ᵉ • Mᵒ Place-d'Italie
Accès libre
paris.fr

Un grand bassin, une rivière, une cascade, de nombreuses aires de jeux, des terrains de football et de tennis, des ruches : avec de pareils atouts, le parc Kellermann est une sortie obligée pour les familles du cœur du 13ᵉ arrondissement. Il doit à sa situation sur l'ancien lit de la Bièvre un original aménagement en terrasse sur trois niveaux, qui pimente agréablement son ordonnance classique. Et sa taille, plus de 50 000 m², suffit à tous les défoulements du dimanche.

Un tour à Chinatown

Dans un triangle, toute la Chine. Moins exotique que jadis, mais encore suffisamment dépaysante aux yeux des petits poulbots, surtout lorsqu'elle surgit à deux pas des immeubles haussmanniens.

Parcourir Chinatown, c'est-à-dire les rues situées derrière la place d'Italie, entre les avenues de Choisy et d'Ivry et le boulevard de Masséna, c'est d'abord arpenter un quartier très moderne fait de hautes tours, d'esplanades – celle des Olympiades recouvre un gigantesque marché au gros de produits asiatiques – et de centres commerciaux. Un air de banlieue à Paris, en quelque sorte.

Ce qui fait la différence, ce sont les enseignes. En caractères chinois, brillant de tous leurs feux même le dimanche, où tous les commerces sont ouverts, elles donnent le sentiment d'être transplanté dans un mini Hong Kong. Impression confirmée par l'allure des passants, ainsi que par les denrées et produits proposés à la vente : fruits et légumes exotiques, sacs de riz, vaisselle, lampions, bonsaïs, tuniques brodées, en profusion et à des prix imbattables, notamment dans les deux supermarchés rivaux : Tang Frères et Paris Store, avenue d'Ivry. Dans ces deux temples de la consommation asiatique, on s'attarde volontiers, en résistant à la tentation de tout acheter.

On peut aussi s'offrir un parfum de spiritualité en s'aventurant dans les deux principaux temples bouddhistes de Chinatown, celui de l'Arfoi, rue du Disque, et le temple Teochew, avenue d'Ivry.

À l'intérieur, les odeurs d'encens, les bouddhas grassouillets et les offrandes en tout genre déposées par les fidèles sont des passeports garantis pour l'évasion. Pour clore le voyage, une halte culinaire s'impose : vous n'avez que l'embarras du choix !

Départ à la station de métro Tolbiac, avenue d'Italie, 13e

Piscines de la Butte-aux-Cailles et Joséphine-Baker

Piscine Joséphine-Baker
Port de la Gare • 21, quai François-Mauriac, 13ᵉ
Mᵒ Quai-de-la-Gare • Tél. 01 56 61 96 50
Entrée : de 1,70 € à 3 €
paris.fr

Piscine de la Butte-aux-Cailles
5, place Paul-Verlaine, 13ᵉ • Mᵒ Place-d'Italie
Tél. 01 45 89 60 05
Entrée : de 1,70 € à 3 €
paris.fr

Elle flotte en bord de Seine, toute de bois et de verre. Design et fonctionnelle, la **piscine Joséphine-Baker** accueille les nageurs en herbe et en famille. Dès les premières chaleurs, elle se découvre et permet ainsi de barboter à l'air libre, avant de prendre un bain de soleil sur la plage en teck, face à la Seine. Outre un bassin de 25 m pourvu de quatre lignes d'eau, elle comprend une pataugeoire à 32 °C équipée d'un hérisson à eau et d'un parasol d'eau, une salle de remise en forme et un espace sauna-hammam-jacuzzi : une après-midi bien-être pour tous ! Les amateurs de lieux chargés d'histoire préféreront peut-être la **piscine de la Butte-aux-Cailles**, ouverte au public depuis 1924. Sa façade Art déco dissimule un bassin découvert de 25 m de long entouré d'un solarium très prisé aux beaux jours. Un conseil, venir tôt !

14ᵉ ARRONDISSEMENT

CATACOMBES DE PARIS

1, avenue du Colonel-Henri-Rol-Tanguy, 14ᵉ
RER Denfert-Rochereau • Tél. 01 43 22 47 63
Tous les jours sauf le lundi de 10h à 17h
(fermeture des caisses à 16h)

Adultes : 10 € • -18 ans : gratuit

catacombes.paris.fr

Tremblez, carcasses !

Six millions de restes allant du crâne au tibia ! Les préados fans de gore vont adorer ce sanctuaire parisien, à 25 m sous terre, aménagé à partir de la fin du XVIIIᵉ siècle dans d'anciennes carrières de pierre, jugées à l'époque plus saines que les cimetières. Après un escalier en colimaçon et un couloir sans fin, une épitaphe sur le linteau d'une porte met en garde : "Arrête ! C'est ici l'empire de la mort." Devant s'ouvrent des galeries, pour certaines jusqu'à 30 m de profondeur, où s'entassent dans une température constante de 14 °C les ossements des Parisiens. Des murs et des murs d'os, où préside parfois un humour inattendu : crânes disposés en forme de cœur, de croix ou même d'autels, où se célébraient jadis des offices commémoratifs. Les enfants sont les premiers à s'amuser de certains empilements insolites, à chercher des inscriptions, à traduire les chiffres romains en chiffres arabes. La galerie de Port-Mahon renferme des sculptures de forteresses, œuvre décorative d'un soldat de Louis XV. Après une randonnée de 1,7 km, on arrive aux deux "cloches de fontis". Ces énormes trous de 11 m de haut résultent de l'affaissement de certaines carrières : heureusement consolidés, ils illustrent le risque des dégradations dues au calcaire, et le danger des vides qui se creusent sous les immeubles ou les trottoirs parisiens. Un dernier effort de 83 marches, par l'ancien puits où étaient descendus les ossements, et l'on retrouve le grand air. Un parcours riche en sensations fortes.

● **Malin !**
Se munir d'une forte lampe torche pour s'amuser à se faire peur et mieux observer. En été, prendre un pull.
Attention : la sortie se fait au 36, rue Rémy-Dumoncel, à 300 m de l'entrée.

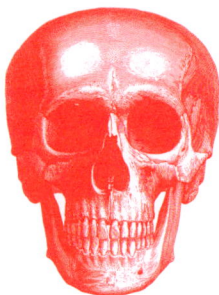

FONDATION CARTIER POUR L'ART CONTEMPORAIN

261, boulevard Raspail, 14ᵉ • Mᵒ Raspail ou RER Denfert-Rochereau
Tél. 01 42 18 56 50 • Du mercredi au dimanche de 12h à 20h,
le mardi jusqu'à 22h

Adultes : 10,50 € • 13-25 ans : 7 € • - 13 ans : gratuit

Parcours-visite ludique en famille le samedi à 11h
Nombreux ateliers à partir de 8 ans, le mercredi et le samedi à 15h :
10 € par enfant • Renseignements au 01 42 18 56 67

fondation.cartier.com

Expos décoiffantes

Même si le nom de l'artiste sur l'affiche ne vous dit rien, n'hésitez pas à diriger vos pas vers la Fondation Cartier. Ce bel espace signé Jean Nouvel est, depuis son ouverture en 1994, l'un des plus sûrs lieux d'initiation artistique en famille. Même pointues, ses expositions sont systématiquement accompagnées d'animations pédagogiques en direction des plus jeunes. On s'y promène librement ou on réserve pour le parcours en famille du samedi matin, occasion unique de comprendre, par le dialogue, l'art d'aujourd'hui. Avant de partir, ne manquez pas de faire un tour dans le petit jardin Theatrum Botanicum, où, dans les senteurs des fraises des bois, des violettes ou du muguet sauvage selon la saison, trône un cèdre du Liban planté en 1823 par Chateaubriand.

Parc Montsouris

Accès par le boulevard Jourdan ou l'avenue Reille, 14ᵉ
RER Cité-Universitaire
Accès libre
paris.fr

Son charme n'est plus à vanter, mais, outre son élégance Second Empire, son relief accidenté qui lui donne un aspect romantique et ses arbres magnifiques, le parc Montsouris présente l'attrait d'un très grand terrain de jeu et de promenades. Pourvu d'aires de distractions, d'un lac traversé par les cygnes, d'une cascade, d'un kiosque à musique offrant des concerts réguliers et d'un Guignol, il concentre tous les plaisirs d'un jardin urbain. On y paresse sur ses vastes pelouses, on s'y abrite du soleil sous les feuillages, et l'on peut même s'y restaurer en terrasse près du manège. Un *must* dominical pour tous les Parisiens des quartiers sud.

15e
ARRONDISSEMENT

AQUABOULEVARD

4, rue Louis-Armand, 15e • M° Balard
Tél. 01 40 60 10 00 • Du lundi au jeudi de 9h à 23h, vendredi
jusqu'à minuit, samedi de 8h à minuit, dimanche de 8h à 23h

Adultes : 22 € de mai à septembre, 28 € d'octobre à avril
- 11 ans : 15 € • Pass famille pour 4 personnes : 15 ou 25 €
Interdit aux - 3 ans, présence d'un adulte obligatoire
dans les bassins pour les - 12 ans

Organisation d'anniversaires (9 enfants minimum) :
renseignements au 01 53 78 15 75 ou 01 53 18 15 76

aquaboulevard.fr

La Grande Bleue toute l'année

La piscine de quartier le dimanche, c'est bien, mais 7 000 m² de bassins à 30 °C, c'est mieux. D'où le succès constant de l'Aquaboulevard de Paris. On n'y vient pas pour faire des longueurs – la profondeur maximale est de 1,80 m –, mais pour jouer dans l'eau et hors de l'eau, ce qui en fait le temple des enfants. Des brassards sont mis gratuitement à leur disposition, ainsi que des bouées géantes pour les plus grands. Des séries de vagues toutes les heures et, surtout, 11 toboggans – huit à l'intérieur, trois à l'extérieur – réjouissent les amateurs de sensations fortes, tandis que les plus jeunes barbotent dans le "Baby Jungle", dans le lit d'eau à bulles ou dans les jacuzzis à 35 °C de la plage Antilles. Autour du grand bassin, des palmiers, trois ponts en bois et, dès les beaux jours, une terrasse extérieure avec transats et plage de sable donnent un air de vacances à Paris. Façon Palavas-les-Flots ou île semi-déserte, selon l'horaire.

● **Malin !**
Venir le dimanche matin dès l'ouverture et repartir vers 11h30, lorsque la foule arrive.

Ballon de Paris

~~~~~~

Parc André-Citroën
2, rue de la Montagne-de-la-Fage, 15e • M° Balard
Tél. 01 44 26 20 00 • Tous les jours de 9h à 30 min avant
la fermeture du parc (21h30 en été), en fonction des conditions météo
Départ toutes les 10 min
Adultes : 12 € • Enfants : 6 € • Gratuit pour les - 3 ans
Les enfants habitant Paris bénéficient de la gratuité
sur présentation d'une carte scolaire ou de cantine
(offre valable pour 2 enfants au maximum)
ballondeparis.com

Il fait beau, l'air est calme, le vent quasi inexistant. Ce sont les conditions atmosphériques idéales pour tenter un vol en ballon. Depuis son installation en 1999 au parc André-Citroën (voir page 141), le Ballon de Paris suscite les vocations. Même au repos, il se voit de loin. Tant mieux car son enveloppe affiche les couleurs de la pollution à Paris, de vert pour "très bon" à rouge pour "très mauvais". Installée entre les ponts du Garigliano et Mirabeau, la nacelle est retenue au sol par un câble. Une fois à bord, on monte sans secousses et en moins de deux minutes jusqu'à 150 m de hauteur. Une sensation inoubliable de légèreté, déconseillée toutefois à ceux qui souffrent de vertige. En haut, on a le temps d'admirer l'urbanisme parisien, de repérer la tour Eiffel, le Trocadéro, les Invalides. En toute sécurité puisque, contrairement à une montgolfière, le ballon est captif, c'est-à-dire fixé à un câble animé par un treuil hydroélectrique. Pourtant, on en redescend avec la sensation d'avoir survolé la capitale !

● **Malin !**
Pour s'assurer que les conditions météo sont favorables, téléphoner avant de s'y rendre.

Jouer au café
mais pas au poker !

Trop froid, trop de pluie pour jouer dehors ? Pas question pour autant de s'enfermer à la maison. Depuis quelques années, de nouveaux espaces parisiens s'emploient à accueillir les familles, en conciliant plaisir des enfants et agrément des parents.

Le café **Oya**, fondé en 1992, est le plus ancien du genre. Dans cette sorte de ludothèque, plus de 250 jeux sont mis à disposition des enfants et des ados, mais aussi des parents. Les tout-petits ont droit à un espace réservé.

Dans le même esprit, le **Cafézoïde**, situé au bord du très bobo canal Saint-Martin, accueille les moins de 16 ans et leurs parents. Pas d'alcool, un espace bébé, un coin jeux en libre accès, un local-boîte à musique pour les ados et, régulièrement, des expositions, spectacles, rencontres ou concerts. On peut y prendre un jus de fruits et papoter entre amis, pendant que les enfants jouent à l'étage.

Enfin, **La Maison Verte**, inspirée par la psychanalyste Françoise Dolto, accueille depuis plus de vingt ans, sans rendez-vous ni inscription, les enfants de moins de 3 ans accompagnés d'un parent, sous le regard bienveillant de spécialistes de la petite enfance.

Oya
25, rue de la Reine-Blanche, 13ᵉ • M° Les Gobelins
Tél. 01 47 07 59 59 • Du mardi au samedi de 14h à minuit
et de 14h à 21h le dimanche

Cafézoïde
92 bis, quai de la Loire, 19ᵉ • M° Laumière ou Crimée
Tél. 01 42 38 26 37 • cafezoide.asso.fr
Du mercredi au dimanche de 10h à 19h

La Maison Verte
13, rue Meilhac, 15ᵉ • M° Commerce
Tél. 01 43 06 02 82 • lamaisonverte.asso.fr
Du lundi au vendredi de 14h à 19h, le samedi de 15h à 18h30

MUSÉE BOURDELLE

18, rue Antoine-Bourdelle, 15ᵉ
M° Montparnasse-Bienvenüe ou Falguière
Tél. 01 49 54 73 73 • Du mardi au dimanche de 10h à 18h

Entrée libre pour les collections permanentes

bourdelle.paris.fr

Des sculptures mythologiques

On ne pense pas forcément à pousser la porte de ce musée discret derrière ses murs de brique rouge. Pourtant, c'est un lieu parfait pour initier les juniors à la sculpture. Demeure-atelier d'Antoine Bourdelle jusqu'en 1929, la maison et ses dépendances abritent ses œuvres monumentales tout au long d'un parcours chronologique et pédagogique nouvellement conçu. À condition d'avoir un peu révisé au préalable, vous n'aurez plus qu'à raconter les histoires des dieux et déesses de l'Antiquité devant les sculptures les évoquant. Dans le grand hall ouvert sur le jardin, faites une halte devant cet *Héraclès archer* saisi en pleine métamorphose entre l'homme et l'oiseau. Ou, dans le jardin des sculptures, face à la statue d'Athéna guerrière. À l'intérieur de l'atelier de sculpture comme dans celui consacré à la peinture, qui servait d'appartement à l'artiste, rien n'a changé, ni le parquet de bois ciré, ni le poêle, ni le lit de repos du maître. On peut y voir des portraits de Bourdelle et de sa famille à différents âges. L'aile nouvelle du musée, construite en 1992 par Christian de Portzamparc, présente moins d'intérêt pour les enfants, à moins qu'ils ne s'amusent à deviner les expressions des portraits consacrés à Beethoven. Accoudé, pathétique ou pensif, le musicien dévoile son âme. La dernière salle, dédiée au

monument aux morts de la guerre de 1870, est plus austère. Mieux vaut conclure par l'étage et son étonnante
fresque murale d'Apollon.

● **Malin !**
Guetter les visites-conférences en famille, les samedis et dimanche.

Parc André-Citroën

Accès par le quai André-Citroën, les rues Saint-Charles, Leblanc
ou de la Montagne-de-la-Fage, 15ᵉ • M° Balard
Du lundi au vendredi de 8h à 17h45 ou 21h30 selon la saison,
ouverture à 9h samedi et dimanche
Accès libre
paris.fr

Même sans idée préconçue sur le mode d'emploi de l'après-midi, on passe toujours un bon moment au parc André-Citroën. Alternant parties ordonnées et zone volontairement en friche, vaste pelouse (le parterre) et édifices verticaux (les deux grandes serres), ces 14 hectares de verdure aménagés par Gilles Clément selon les règles du jardin contemporain réservent au promeneur de délicieuses surprises. Les plus jeunes ont à leur disposition deux espaces, clos ou protégé : le Jardin blanc, entre les rues Saint-Charles, Balard et Cauchy, et le Jardin noir, le long de la rue Leblanc. Dans le premier les attendent une aire de jeux, deux tables de ping-pong et un espace pour les parties de ballon ; dans le second, des bacs à sable, des cabanes en bois et des toboggans autour d'une petite place bordée de 64 jets d'eau. Dès les premiers rayons de soleil, le péristyle d'eau sur la place centrale, dont les jets aléatoires rafraîchissent les téméraires, est un lieu de rendez-vous prisé de tous. Devant, sur le vaste parterre gazonné longé d'allées rectilignes accessibles à vélo, on joue, on bronze, on musarde. En cas d'averse ou de coup de froid, direction les deux grandes serres tropicales de 15 m de haut, de part et d'autre des fontaines. Elles abritent en hiver, dans une douce moiteur, des orangers et des plantes de la zone australe. On peut encore se promener en s'amusant à deviner la couleur des Jardins sériels, dont chacun correspond à la fois à un

métal, une planète, un jour, un état liquide et un sens – au
Jardin rouge, par exemple, sont associés le fer, Mars, mardi,
la cascade et le goût. Ou bien on peut tout simplement
jouer à cache-cache et escalader les rochers du Jardin en
mouvement.

● **Malin !**
Sur l'extension de 10 000 m^2 créée en 2014 face à l'hôpital Georges-
Pompidou, deux nouveaux espaces ludiques ont été aménagés, à
destination des 7-12 ans et des 12-15 ans, avec entre autres des tables
de ping-pong et de baby-foot.

Parc Georges-Brassens

Accès par les rues des Morillons, des Périchaux ou Brancion, 15e
M° Convention ou Porte-de-Vanves
Du lundi au vendredi de 8h à 17h45 ou 21h30 selon la saison,
ouverture à 9h samedi et dimanche
Accès libre
paris.fr

Sur cet espace vert agréable et méconnu, plusieurs aires de jeux attractives conçues par tranche d'âge, un rucher pédagogique et un jardin de senteurs répondent à toutes les envies. On y teste même de nouveaux jeux high-tech, pour s'entraîner à danser par exemple. Sans compter les attractions payantes – théâtre de marionnettes, promenades à poney, balançoires et manège – proposées tout au long de l'année. Dès les premiers beaux jours, le bassin central se transforme en aire de course pour bateaux téléguidés. Courir dans les allées, paresser sur les vastes pelouses en louant, pourquoi pas, un transat, grimper sur les gros cailloux de la minicascade ou admirer les pieds de vigne de pinot noir vendangés tous les ans en septembre peuvent aussi suffire au bonheur de toute la famille. Mais l'attraction majeure pour les 5-10 ans, ce sont les rochers, à escalader sur 7,50 m de hauteur avec, au pied, un grand bac à sable. Ils proviennent des anciens pavillons des abattoirs de Vaugirard, démolis depuis, sur lesquels a été aménagé le parc. Autres vestiges de cette époque, le beffroi, près du bassin, où se tenait la vente à la criée, et la grande halle de la rue Brancion, transformée en marché aux livres anciens et d'occasion. Au fait, pourquoi Georges Brassens ? Parce que le chanteur-compositeur vécut de 1968 à sa mort, en 1981, à quelques mètres de là, au 42, rue Santos-Dumont.

TOUR MONTPARNASSE 56

33, avenue du Maine, 15e (accès par le 56, rue de l'Arrivée)
M° Montparnasse-Bienvenüe • Tél. 01 45 38 52 56
Du dimanche au jeudi de 9h30 à 22h30, vendredi et samedi
jusqu'à 23h d'octobre à mars, tous les jours de 9h30 à 23h30 d'avril
à septembre • Dernière montée 30 min avant la fermeture

Adultes : 15 € • 7-15 ans : 9,20 € • - 7 ans : gratuit

tourmontparnasse56.com

Toujours plus haut !

À l'époque de sa construction, dans les années 1970, il s'agissait d'une véritable prouesse technique : avec ses 210 m, c'est alors le plus grand immeuble de bureaux d'Europe. Aujourd'hui, c'est surtout l'un des premiers monuments, avec le Sacré-Cœur et la tour Eiffel, que les très jeunes reconnaissent. L'idée de grimper jusqu'à son sommet ne peut donc que les séduire, d'autant que la visite réserve d'agréables surprises. Départ par l'un des 25 ascenseurs intérieurs, côté esplanade. On suit sur la paroi la progression jusqu'au sommet, seconde par seconde. Il en faut 38 au total pour atteindre le 56e et dernier étage, à 196 m de hauteur. On pénètre alors directement dans une grande salle aux larges baies vitrées. Derrière les fenêtres, le panorama de l'Ouest parisien. À l'aide des panneaux "en réalité augmentée", on identifie le métro aérien, les Invalides, la tour Eiffel et l'interminable rue de Vaugirard, la plus longue de Paris. Des bornes interactives proposent une série de quizz tout public sur l'histoire de Paris. Dans la salle de projection attenante, un film présente Paris vu d'en haut. Un escalier intérieur mène à la terrasse à 210 m du sol, une hauteur intermédiaire entre les 2e et 3e étages de la tour Eiffel. Entre autres curiosités, elle abrite une piste d'atterrissage d'hélicoptère, un rail circulaire pour nettoyer les vitres – auquel sont suspendues des nacelles une fois par mois environ – et la cabine du gardien. On jouit d'une vue à 360° sur l'ensemble de la capitale et, par beau temps, à condition d'utiliser les grosses jumelles payantes, jusqu'à l'aéroport d'Orly.

16e
ARRONDISSEMENT

CITÉ DE L'ARCHITECTURE ET DU PATRIMOINE

Palais de Chaillot • 1, place du Trocadéro, 16e • M° Trocadéro
Tél. 01 58 51 52 00 • Lundi, mercredi, vendredi, samedi et dimanche de 11h à 19h, le jeudi jusqu'à 21h

Adultes : 8 € • - 18 ans : gratuit
Ateliers, activités en famille et visites animées : 8 €

citechaillot.fr

L'architecture du Moyen Âge à nos jours

Vous n'avez pas encore mis les pieds dans ce nouveau lieu parisien, refondé sur les collections de l'ancien musée des Monuments français? Rattrapez-vous, ne serait-ce que pour découvrir un musée pas comme les autres. Ce qui est montré ici, ce sont des copies, mais quelles copies! Huit cent cinquante moulages fidèles des principaux trésors architecturaux de la France, recensés à la fin du XIXe siècle par Viollet-le-Duc et ses disciples – 3 300 autres dorment encore dans les réserves! –, complétés par une galerie dédiée à l'architecture de 1850 à nos jours. Grâce à la volonté affichée de la Cité de toucher tous les publics, la visite sera aussi ludique que pédagogique. Au sein des collections, des jeux de manipulation créés par Matali Crasset apprennent aux 6-12 ans à exercer leur regard architectural sur l'art du vitrail ou de la construction. Encore plus concrètement, une série de maquettes démontables permet de comprendre les innovations techniques successives imaginées par les bâtisseurs de l'âge roman, de la période gothique et de la Renaissance, de l'arc en plein cintre à la croisée d'ogives. À l'étage, côté contemporain, on s'amuse à se promener dans l'un des appartements, reproduit à l'échelle 1/1e, de la Cité Radieuse de Le Corbusier à Marseille. Le but, dans chaque espace du musée, est de montrer comment l'architecture s'efforce de répondre aux problèmes de son temps. En délivrant, mine de rien, une vivante leçon d'histoire de l'art et des techniques.

● **Malin !**

Ne manquez pas la visite contée en famille, chaque 1er mercredi du mois, ni les visites-ateliers en famille du dimanche. Des livrets-jeux dès 5 ans sont également disponibles à l'accueil pour mieux découvrir les collections. Quant aux pré-ados et ados, ils bénéficient de visioguides sur smartphone et de jeux de piste sur tablette, sur demande à l'accueil (8€).

FONDATION LOUIS-VUITTON

Bois de Boulogne • 8, avenue du Mahatma-Gandhi, 16e
M° Les Sablons puis 15 min à pied ou navette (1 €)
toutes les 10-15 min • Tél. 01 40 69 96 00
Tous les jours sauf mardi de 12h à 19h
(20h le week-end), nocturne le vendredi jusqu'à 23h
Tous les jours durant les vacances scolaires

Adultes: 14 € • - 18 ans : 5 € • - 3 ans : gratuit • Tarif famille : 32 €
(1 ou 2 adultes et jusqu'à 4 enfants)

fondationlouisvuitton.fr

Archi-ludique

Inauguré à l'automne 2014, le bel édifice tout en transparence conçu par l'architecte américain Frank Gehry se dresse à l'orée du bois de Boulogne. Ce ne sont probablement pas les œuvres et installations d'art contemporain exposées à l'intérieur – encore que... – qui séduiront le plus les enfants, mais bien la découverte du bâtiment lui-même, enchevêtrement ludique de niveaux, terrasses, points de vue et espaces tout en courbes et en lignes. Pour une approche plus approfondie des collections, l'idéal est de suivre le week-end les parcours en famille, sous forme de visite contée avec des 3-5 ans, et en version "Rimes et comptines" pour les 3-9 ans (pendant les vacances scolaires de la zone C). Quant au plan d'eau sur lequel se reflète la Fondation, il invite à prolonger la visite par les délices du Jardin d'Acclimatation limitrophe (voir page 154).

Jardin d'Acclimatation

Bois de Boulogne (16ᵉ) • Mᵒ Les Sablons • Tél. 01 40 67 90 82
Tous les jours de 10h à 19h de mai à septembre,
de 10h à 18h d'octobre à avril
Adultes : 3 € • - 3 ans : gratuit • Tickets manèges : 2,90 €
jardindacclimatation.fr

Voilà près de cent cinquante ans que, été comme hiver,
le Jardin d'Acclimatation fait briller les yeux des enfants.
Pour ses attractions, bien sûr : les miroirs déformants, le
labyrinthe, la Rivière enchantée, les manèges, les autos
tamponneuses, les baraques de pêche à la ligne ou de tir,
les bateaux téléguidés, les tout nouveaux canots à moteur
électrique pour de minicroisières, la tyrolienne du prince
impérial, installée aux abords de la fondation Vuitton...
Mais aussi pour son charme à l'ancienne, à mille lieues des
parcs modernes. Seul problème : tout est payant, en plus
de l'entrée au jardin, ce qui fait monter assez vite l'addition.
Sans parler des pauses gaufres, barbes à papa et pommes
d'amour, qui font partie des plaisirs obligés. Aussi, on
n'hésitera pas à pousser jusqu'à l'aire de jeux gratuite,
au fond du jardin. Bien équipée en toboggans, poulie et
tourniquets, elle offre en prime, chaque été, un minibassin
où faire trempette et un solarium pour les parents. Chemin
faisant, on aura longé la majestueuse Grande Volière et
ses oiseaux, la Ferme normande, les enclos de quelques
animaux exotiques, qui rappellent le temps où le jardin était
d'abord zoologique, la Magnanerie devant laquelle on chante
en chorale improvisée le dimanche, et le secret et poétique
jardin de Séoul, histoire de s'initier à la spiritualité coréenne.
Avec le traditionnel tour de poney et l'inusable Guignol, un
vrai jardin de délices, à fréquenter de préférence le matin.

MUSÉE D'ART MODERNE DE LA VILLE DE PARIS

11, avenue du Président-Wilson, 16e
M° Iéna ou Alma-Marceau • Tél. 01 53 67 40 00
Du mardi au dimanche de 10h à 18h, le jeudi jusqu'à 22h
pour les expositions temporaires

Entrée libre pour les collections permanentes
Plusieurs ateliers de 3 à 14 ans • 5 à 7 € par enfant

mam.paris.fr

Matisse, Picabia, César et les autres

Fauvisme, cubisme, expressionnisme, surréalisme ? Vous êtes perdu, et vos enfants plus encore. Pour qui veut comprendre les "-ismes" qui parcourent le siècle dernier, le musée d'Art moderne, situé dans l'aile est du palais de Tokyo construit pour l'Exposition internationale de 1937, est une étape obligée. Présentées selon l'ordre chronologique, ses collections n'oublient aucun des mouvements qui révolutionnèrent la peinture. Depuis Derain, Picasso, Braque, Delaunay, Picabia jusqu'à l'École de Paris, le réalisme expressionniste, le nouveau réalisme des années 1960 (Klein, César, Arman), l'abstraction lyrique de Pierre Soulages et les courants picturaux de la fin du XXe siècle : Arte Povera italien, mouvement Support-Surface, figuration narrative, Fluxus, et enfin les recherches actuelles (Bustamante, Frize). On aura soin de garder un peu d'énergie pour admirer, dans des salles dédiées, les toiles monumentales de deux grands noms de l'art moderne : *La Danse inachevée* et *La Danse de Paris* de Matisse, ainsi que *La Fée Électricité* de Dufy. Les dimensions de ce tableau – 60 m de large pour 10 m de haut – en font le plus grand du monde. Comme sur une gigantesque bande dessinée sans bulles, ses 250 panneaux joints les uns aux autres racontent l'histoire de l'électricité et de ses inventeurs. Une leçon de science, en même temps qu'une leçon de peinture, à prolonger éventuellement par un des ateliers plastiques à pratiquer en famille certains mercredis, samedis et dimanches dès 3 ans.

MUSÉE GUIMET
ET PANTHÉON BOUDDHIQUE

Musée national des Arts asiatiques Guimet • 6, place d'Iéna, 16e
M° Iéna • Tél. 01 56 52 53 00
Tous les jours sauf le mardi de 10h à 18h
Adultes : 7,50 € • 18-25 ans : 5,50 € • - 18 ans : gratuit
Ateliers, parcours paravents-découverte et visites contées
pour les 6-12 ans (Tél. 01 56 52 53 45)

Panthéon bouddhique • 19, avenue d'Iéna, 16e • M° Iéna
Tél. 01 40 73 88 00 • Tous les jours sauf le mardi de 9h45 à 17h45
Jardin ouvert de 13h à 17h • Entrée libre

guimet.fr

Asie, zen et fantaisie

On peut toujours trouver une bonne raison d'aller
visiter le musée Guimet. Parce que, grâce à la passion
orientaliste de son fondateur, le collectionneur Émile
Guimet, c'est le temple de l'art asiatique à Paris, et
l'un des tout premiers au monde. Parce que c'est un
lieu magique pour les enfants, à condition d'adapter la
visite à leur appétit. Parce que c'est une introduction
idéale aux cultures d'Inde, d'Asie et d'Extrême-Orient.
Enfin parce que l'on y croise des créatures toutes plus
surprenantes les unes que les autres : *nâgas* géant à plusieurs têtes, dragon *makara*, un mélange de sept animaux, dieu Ganesh à tête d'éléphant qui aide et protège
les écoliers, Shiva dansant, incroyable *bodhisattva* aux
mille bras... Des livrets junior à télécharger au préalable sur le site du musée permettent de suivre un parcours thématique consacré à la Chine et à la Corée ou à
l'Inde. On peut aussi, en famille, s'initier à la cérémonie du thé, suivre des visites commentées et adaptées
aux plus jeunes sur l'exposition temporaire en cours,

ou pratiquer de façon ludique les différentes postures du yoga. On quitte les lieux avec la sensation d'avoir accompli un périple lointain, dans le temps et dans l'espace. Pour prolonger l'illusion, il suffit de se rendre à deux pas de là, à l'annexe du musée baptisée Panthéon bouddhique. À travers les multiples représentations de Bouddha, des Grands Êtres d'Éveil, des divinités et des maîtres spirituels, on plonge au cœur des bouddhismes japonais et chinois. Toute une philosophie condensée dans l'extraordinaire copie du Mandala du Toji, un temple de Kyoto, avec ses 21 statues sur trois rangées. Dommage que les notices, plutôt abstraites, ne soient pas toujours accessibles aux non-initiés. Avant de partir, pause méditation dans le jardin japonais agrémenté de roseaux, d'arbres exotiques et de minicascades.

MUSÉE MARMOTTAN-MONET

2, rue Louis-Boilly, 16e • M° La Muette ou RER Boulainvilliers
Tél. 01 44 96 50 33 • Du mercredi au dimanche de 10h à 18h,
le jeudi jusqu'à 21h

Adultes : 11 € • 9-25 ans : 6,50 € • - 7 ans : gratuit
Audioguide : 3 €

marmottan.fr

Impressionnistes au zénith

Dilemme. Vous avez envie de faire découvrir aux enfants la peinture impressionniste, mais vous calez d'avance devant la file d'attente des touristes au musée d'Orsay. Une solution : Marmottan. Moins riches, ses collections renferment cependant un joyau : *Impression, soleil levant*, le tableau de Monet qui donna en 1874 son nom au mouvement. Il est exposé dans cet ancien pavillon de chasse, à l'orée du bois de Boulogne, qui fut la demeure privée de collectionneurs de meubles et objets Premier Empire avant d'accueillir le musée Monet. On y admire aussi d'autres toiles majeures de l'artiste témoignant de son goût pour la peinture sur le motif : *Sur la plage à Trouville*, *Le Pont de l'Europe* et une suite de *Nymphéas*, dont certaines atteignent 2 m de hauteur. En s'approchant puis en s'éloignant des tableaux, les enfants prennent conscience de la technique de juxtaposition et de superposition des couleurs. On peut aussi leur faire repérer les différentes nuances de vert et de violet, ainsi que les reflets de l'eau et des feuilles. Un véritable apprentissage visuel, à compléter avec quelques pièces de la collection personnelle du peintre : des tableaux de Berthe Morisot, Degas et Renoir, ainsi que des toiles de Pissarro et Sisley, issues de legs. Parfait pour une première approche.

● **Malin!**

En sortant, profiter des jardins du Ranelagh, avec leur manège, leurs promenades à dos d'âne ou de poney, leurs balançoires, piste pour patins, jeux pour enfants, pelouses autorisées et théâtre de marionnettes.

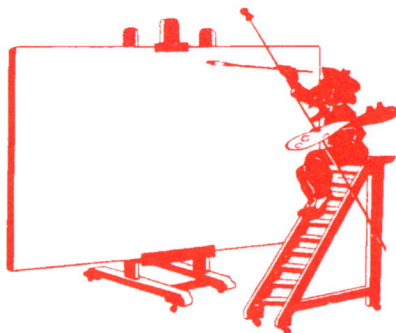

MUSÉE NATIONAL DE LA MARINE

Palais de Chaillot • 17, place du Trocadéro, 16e • M° Trocadéro
Tél. 01 53 65 69 53 • Tous les jours sauf le mardi de 11h à 18h
et jusqu'à 19h le samedi et le dimanche

Adultes : 8,50 € • - 26 ans : gratuit

Visites contées et visites-ateliers à partir de 3 ans le mercredi
et pendant les vacances scolaires, 7,50 €

musee-marine.fr

Ohé ! matelots !

Choisissez un jour particulièrement gris, où le ciel parisien semble se réduire à une forêt d'immeubles, et mettez le cap sur le grand large, direction le musée de la Marine. Derrière sa façade années 1930, de véritables trésors, rassemblés depuis le XVIIIe siècle, attendent les aventuriers. Cinq grandes sections, dont certaines en cours d'aménagement : les navires de guerre, de commerce, de plaisance, de pêche et subaquatiques composent un passionnant voyage au long cours dans le passé de la marine française. Maquettes, tableaux et pièces uniques sont autant de supports au rêve et à l'évasion. Parmi les *musts*, le canot de l'empereur Napoléon Ier, le canot de promenade de Marie-Antoinette, la poupe de *La Réale de France*, qui ornait l'arrière d'une galère sous le règne de Louis XIV, et les nombreuses maquettes de bateaux, comme cet artésien de 64 canons, entièrement démontable, qui fut utilisé pour dispenser des cours aux futurs Louis XVI, Louis XVIII et Charles X ; ou encore ce modèle miniature en ivoire, *La Ville de Dieppe*, avec sa centaine de personnages. Dans les salles consacrées à la marine contemporaine, l'objet phare est la maquette à grande échelle (1/100e) du porte-avions à propulsion nucléaire le *Charles-de-Gaulle*. Les petits garçons seront fascinés, et tout autant devant les nombreuses maquettes de sous-marins qui retracent l'histoire maritime des deux guerres mondiales.

● **Malin !**
Se procurer le parcours-jeu en famille, pour une visite encore plus ludique.

PALAIS DE TOKYO

13, avenue du Président-Wilson, 16e • M° Iéna ou Alma-Marceau
Tél. 01 47 23 38 86 • Tous les jours sauf le mardi de 12h à minuit

Adultes : 10 € • - 18 ans : gratuit

Visite-atelier "Le Palais en famille" le dimanche à 16h
Pour les 3-5 ans : "Contes Tok-Tok" le dimanche à 15h
Pour les 5-10 ans : "Ateliers Tok-Tok" mercredi et samedi de 14h30
à 17h • Réservation conseillée au 01 47 23 35 16

palaisdetokyo.com

Pour les "tokés" d'art contemporain

Il faut venir ici sans a priori. Juste pour le plaisir de troubler la quiétude du dimanche en se faisant chahuter visuellement et culturellement. Dans ce musée pas très orthodoxe, on ignore dans quel sens prendre la visite, et c'est tant mieux. Lieu de référence à Paris en matière de création contemporaine, le palais de Tokyo est un centre actif de création, ouvert aux acteurs vivants de la scène artistique. Comme il n'y a pas de collection permanente, aucune visite ne ressemblera à une autre. Ne pas hésiter à poser des questions aux médiateurs, reconnaissables à leurs brassards rouges. Ou bien participer aux workshops en famille, pour s'initier, avec la complicité de l'un d'entre eux, à l'art contemporain. Et confier les yeux fermés ses enfants aux très inventifs ateliers "Tok Tok", conçus spécifiquement pour eux.

Les sentiers nature de la petite ceinture

Et au milieu, courait une... ligne de chemin de fer ! Aujourd'hui désaffectée, la fameuse petite ceinture ferroviaire de 32 km qui, jadis, entourait Paris a laissé place à une promenade insolite où la nature a repris tous ses droits. Colonisés par la végétation et par de nombreuses espèces animales, quelques tronçons sont devenus de véritables réservoirs de la biodiversité urbaine. À pied, à vélo, en poussette ou en trottinette, un bol d'air salutaire.

12e : dans le prolongement du square Charles-Péguy (21, rue Rottembourg).
15e : entre le parc Georges-Brassens et le parc André-Citroën.
16e : porte d'Auteuil - La Muette (1,2 km).

Parc de Bagatelle

Bois de Boulogne (16e) • M° Pont-de-Neuilly et bus 43
(arrêt Place-de-Bagatelle) ou M° Porte-Maillot et bus 244
(arrêt Bagatelle-Pré-Catelan)
Tous les jours de 9h30 à 17h ou 20h selon la saison
Accès libre (sauf pendant les expositions)
parcbagatelle.com

En famille et même en poussette, Bagatelle est une promenade charmante, à l'écart des grands circuits dominicaux. L'ancienne folie du comte d'Artois est devenue le plus fleuri des parcs parisiens grâce à une roseraie splendide qui a fait sa réputation. Entré par la grille d'honneur, on chemine d'abord à l'ombre des ifs et des cèdres du Liban. À chaque pas ou presque, une découverte ravit les enfants et les distrait de la fatigue de la marche : là, un belvédère en haut duquel on grimpe par une drôle de rampe tournante ; non loin, un petit pont ou une cascade ; dans une clairière, un magnifique paon faisant la roue ; sur le plan d'eau, des canards et des cygnes se pavanant. Et, au détour d'une allée, le choc visuel de milliers de rosiers issus de 1300 variétés différentes. Le spectacle est particulièrement splendide en juin, lors du fameux concours international de roses nouvelles. Tout près, le jardin d'Iris jette ses notes de bleu-violet. Après avoir longé le potager et le jardin des Présentateurs, on rejoint le château, qui abrite souvent des expositions à voir en famille.

● **Malin !**
Guetter les expositions estivales en plein air, aux thèmes souvent ludiques, qui transforment la balade en un jeu de piste familial.

Serres d'Auteuil

3, avenue de la Porte-d'Auteuil ou 1, avenue Gordon-Bennett, 16e
M° Porte-d'Auteuil et bus 123 (arrêt Stade-Roland-Garros)
Tél. 01 40 71 75 60 • Tous les jours de 9h au coucher du soleil
Accès libre
paris.fr

Temps gris, fond de l'air frais… Pas à Auteuil, où sous les grandes serres règne un éternel été qui ravira les enfants. Dans ce jardin surnommé le "Fleuriste municipal" sont cultivées les pousses de 5 000 espèces végétales destinées à orner les jardins et monuments publics parisiens. Fleuri en toute saison, le parterre "à la française" mène à l'entrée de la Grande Serre, haute de 15 m, en fer et verre cathédrale. Chaleur humide, chant des oiseaux et ballet des carpes japonaises assurent un dépaysement complet. Parmi les espèces exotiques, ne pas manquer les bananiers, histoire de vérifier que les fruits ne poussent pas dans les bacs de supermarché, ou encore les rocouyers, dont la pulpe rouge des graines sert à colorer les fromages hollandais. Tout au fond du jardin, les serres chaudes alignent une fantastique collection d'orchidées, de sensitives et de plantes carnivores. En sortant, faire un tour dans le jardin pour admirer l'arbre à caramel, aux feuilles odorantes à l'automne, les parterres de fleurs et les espaces paysagers.

17e ARRONDISSEMENT

LE CLUB DES ENFANTS PARISIENS

57, rue Ampère, 17e • M° Wagram ou Pereire
Tél. 01 44 29 12 40
Ouvert lundi et jeudi de 10h à 19h30, mardi, mercredi
et vendredi de 9h30 à 19h30 et samedi de 9h à 17h

clubdesenfantsparisiens.com

After school so cool

Inspiré du principe des "after school" de Londres ou de New York, le Club des Enfants parisiens, ouvert en 2013, est un lieu à découvrir d'urgence. Installé dans un joli immeuble à colombages avec terrasse en bois au calme, c'est une sorte de MJC nouvelle génération. Elle propose tout au long de l'année des animations artistiques, culturelles et sportives pour tous les enfants de la naissance à l'adolescence : danse modern jazz, Krav Maga, skate, mais aussi éveil tactile, poterie ou chant pop rock. Pour passer de bons moments en famille, inscrivez-vous aux ateliers parents-enfants : cours de cuisine parents-enfants, contes et comptines, vos samedis vont être bien remplis.

● **Malin !**
Comme le Club a pensé à tout, il dispose d'un espace beauté et propose, sur réservation, un service coiffure ou manucure. Idéal pour passer un bon moment en attendant que la séance "Baby gym" de vos enfants se termine…

18e
ARRONDISSEMENT

Jardins d'Éole

Accès par la rue du Département, 18e • M° Stalingrad
Du lundi au vendredi de 8h à 17h45 ou 21h30 selon la saison,
ouverture à 9h samedi et dimanche
Accès libre
paris.fr

L'un des derniers-nés des jardins parisiens est l'un des plus méconnus. Tant mieux. On y pique-nique à l'aise et on y coule des heures tranquilles sur la grande pelouse, grâce à des aménagements bien conçus : prairie fleurie, jeux pour enfants, esplanade ponctuée de bancs, minicanal et végétaux aquatiques, terrains de basket... Malgré un aspect quelque peu minéral avec ses gradins de pierre et son jardin de gravier, l'endroit reste agréable, d'autant que c'est le seul véritable espace vert du 18e arrondissement.

Montmartre-village et sa basilique

Le voyage commence devant la **basilique du Sacré-Cœur.** Reconnaissable de loin grâce à son dôme de 129 m de haut, cette pâtisserie néo-romano-byzantine est l'un des monuments chéris des bambins. L'arrivée se fait par le funiculaire – les enfants adorent – ou par l'escalier grimpant au milieu des pelouses. Sur la vaste esplanade devant le porche, on domine tout Paris. Les plus courageux affronteront ensuite les 237 marches en colimaçon menant au sommet de la coupole, pour s'offrir une halte avec vue à 100 m au-dessus de la Seine. Les autres se contenteront du spectacle à ciel ouvert offert par l'esplanade, ses guitaristes et ses badauds, avant de gagner la **place du Tertre** pour admirer Paris sur les chevalets des innombrables peintres locaux ou, en vrai, depuis la place du Calvaire, au sud.

Au nord, par la rue des Saules, abondamment peinte par Utrillo, on rejoint le fameux cabaret **Au Lapin Agile**. En redescendant vers les Abbesses, ne pas manquer, rue Lepic, les derniers **moulins de Montmartre**, le Blute-Fin et le Radet, que l'on retrouve sur les toiles des petits maîtres exposées au musée de Montmartre (voir page 169).

Basilique du Sacré-Cœur
Place du Parvis-du-Sacré-Cœur, 18ᵉ
M° Anvers, Abbesses ou Pigalle puis monter avec le funiculaire, Montmartrobus ou à pied
Tél. 01 53 41 89 00 • sacre-coeur-montmartre.com
Tous les jours de 6h à 23h

MUSÉE DE MONTMARTRE

12, rue Cortot, 18ᵉ • M° Abbesses ou Lamarck-Caulaincourt
Tél. 01 49 25 89 37 • Tous les jours de 10h à 18h

Adultes : 9,50 € • 10-17 ans : 5,50 € • - 10 ans : gratuit
Audioguide inclus

museedemontmartre.fr

La bohème montmartroise et un joli jardin

Cet adorable musée installé dans la plus ancienne maison de la Butte est le complément indispensable d'une virée place du Tertre, dont il est tout proche. Les salles de la Maison du Bel Air construite au XVIIᵉ siècle, où travailla notamment Renoir, offrent un portrait vivant de Montmartre des origines à nos jours. Il s'agit moins d'admirer des tableaux que de retrouver l'atmosphère unique de l'ancienne commune rattachée tardivement à la capitale. Le french cancan, le théâtre d'ombres du célèbre Chat Noir, les ateliers d'artistes et les cabarets revivent ainsi grâce aux affiches, photos, gravures, caricatures et reconstitutions de lieux emblématiques. L'atelier-appartement, qui fut notamment occupé par Suzanne Valadon et son fils Maurice Utrillo, et l'hôtel Demarne qui accueille les expositions temporaires, complètent la visite. Tout autour du musée ont été aménagés en 2012 les jardins Renoir, à partir des tableaux peints sur place par ce maître de l'impressionnisme. Un véritable havre de paix, où l'on s'imagine, l'espace d'un instant, revenu au temps des moulins, des cabarets et de la fête.

LA RECYCLERIE

83, boulevard Ornano, 18ᵉ • Mᵒ Porte-de-Clignancourt
Tél. 01 42 57 58 49 • Ouvert tous les jours de 7h à 22h,
minuit, 1h ou 2h selon les jours

Ateliers d'agriculture urbaine : gratuit
Atelier "Goûter des marmots" : 20 €

larecyclerie.com

Les 3 R

Bobo ? Oui, et plutôt trois fois qu'une. Installée dans l'ancienne gare d'Ornano un temps recyclée en café puis en banque, la Recyclerie est basée sur le principe des 3 R : Réduire, Réutiliser, Recycler. Traduction : un lieu de loisirs 100 % dans l'air du temps et ouvert à tous, avec un bar restaurant, un atelier réparation animé par le bricoleur René, et en mezzanine, un coin cosy dédié aux ateliers pour enfants et adultes, dont, certains mercredis, un appétissant "Goûter des marmots". Tandis que la terrasse accueille, selon l'occasion, une brocante ou une distribution de légumes, d'autres espaces extérieurs permettent de s'initier en famille, les mercredis et les week-ends, aux semis, aux cultures et au compost dans le potager collectif ou le jardin aromatique. Il y a même une basse-cour avec ses poules et son coq, des ruches sur le toit et des chèvres naines. Bref, une vraie ferme urbaine pour apprentis éco-urbains, petits et grands. Les bobos ont du bon !

19e ARRONDISSEMENT

CENTQUATRE

Accès par le 104, rue d'Aubervilliers ou par le 5, rue Curial, 19e
M° Stalingrad, Crimée ou Riquet
Tél. 01 53 35 50 00 • Du mardi au vendredi de 12h à 19h,
samedi et dimanche de 11h à 19h

L'accès au Centquatre est gratuit
Tarif variable selon les expositions

104.fr

Inventez l'art d'aujourd'hui !

La Maison des Petits du Centquatre est un espace d'éveil, "lieu d'accueil artistique des 0-5 ans et leurs parents". Designée par Matali Crasset, elle a pour mission de "favoriser la créativité des tout-petits par l'art et le jeu". Le lieu, original, incite, dans son aménagement même, à la découverte et à l'imagination. Pour affirmer la vocation des commissaires d'expo en herbe, terminez donc par une balade sous les grandes verrières du Centquatre. Vous pourrez alors découvrir une installation, visiter une expo photo ou assister à une performance. Un rafraîchissant bain d'air artistique.

● **Malin !**
Un mercredi par mois est organisé un atelier gratuit de hip hop ouvert à tous, enfants et parents, débutants ou confirmés. Lancez-vous !

Au fil des canaux

Après la théorie, la pratique. Lorsque le fonctionnement des écluses du canal Saint-Martin (voir page 109) n'aura plus de secret pour votre enfant, proposez-lui de les passer "pour de vrai" au cours d'une minicroisière sur les canaux de l'Ourcq et Saint-Martin avec **Canauxrama** ou **Paris Canal**. La durée de la balade – 2h30 – la réserve *de facto* aux enfants calmes, capables de ne pas trouver le temps trop long. Ils seront récompensés par l'animation constante provoquée par le passage de neuf écluses, dont cinq doubles. Au fil de l'eau, on apprend de multiples anecdotes, sur l'écluse dite des Morts ou sur la voûte de 2 km sous la place de la Bastille.

Dans la croisière de Paris Canal, le bateau rejoint la Seine jusqu'au musée d'Orsay, un plus qui permet d'admirer au passage quelques monuments de Paris.

Canauxrama
Bassin de la Villette • 13, quai de la Loire, 19e
M° Jaurès • Tél. 01 42 39 15 00 • canauxrama.com
Tous les jours • Réservation obligatoire

Paris Canal
Bassin de la Villette • 19-21, quai de la Loire, 19e
M° Jaurès • Tél. 01 42 40 96 97 • pariscanal.com
Tous les jours de mars à novembre • Réservation obligatoire

Malin !
Arriver une petite demi-heure en avance pour pouvoir choisir ses places.

CITÉ DES SCIENCES ET DE L'INDUSTRIE

30, avenue Corentin-Cariou, 19ᵉ • M° Porte-de-la-Villette
Tél. 01 40 05 80 00 • Du mardi au samedi de 10h à 18h,
le dimanche jusqu'à 19h

Cité des Enfants • 9 € (réservation recommandée)
Explora • Adultes : 9 € • 6-25 ans : 7 € • - 6 ans : gratuit
Le billet Explora donne accès au cinéma Louis-Lumière
Entrée libre à la médiathèque
Livret "Visite avec des enfants" : gratuit

cite-sciences.fr

Planétarium, expos ludiques et films insensés

Ils y sont déjà allés? Peu importe. Les enfants de tout
âge sont toujours ravis de retrouver la Cité des Sciences.
Dans ce lieu où l'accent est mis sur le spectaculaire et
l'interactivité, on déambule à sa guise, sans itinéraire
préconçu.
Pour les 2-7 ans, le terrain de jeu s'appelle la **Cité des
Enfants**. Entièrement rénovée, elle comprend plusieurs
espaces thématiques offrant diverses manipulations
et expériences sensibles. Ici, pas question d'apprendre
abstraitement: le schéma corporel, par exemple, est
appréhendé grâce à des jeux d'empreintes thermosen-
sibles, des miroirs, des parcours ludiques. Activités
phare, le barrage où l'on "joue à l'eau", le garage et sa
voiture à réparer, le chantier avec briques en mousse
et brouettes remportent tous les suffrages. Les parents
aident, expliquent ou se contentent d'observer, grâce à
une signalétique appropriée. L'heure et demie concé-
dée aux visiteurs, admis par groupes de 400, ne suffit
pas à épuiser tous les bonheurs. Plus âgé, on fonce sur
la **Cité des 5-12 ans**, complètement remise à neuf elle

aussi. Un bonheur d'explorations en tous genres, avec sa fourmilière géante, son studio d'enregistrement, son usine ou son salon de coiffure virtuel. On monte ensuite à l'espace **Explora**, exposition permanente sur la lumière, les images, le son, l'image, les volcans, les mathématiques... Si l'on veut tout tester, prévoir d'y passer plusieurs heures, tant les expériences sont variées et intéressantes : écouter le bruit produit par deux escargots en train de manger, calculer la vitesse du son à partir de sa propre voix, déjouer les illusions d'optique... Autre pôle d'attraction, le **Planétarium** et ses images époustouflantes projetées en 3D dans une vaste salle hémisphérique. Pour poursuivre le rêve, cap sur les **pôles Aéronautique et Espace**. Mirage IV imposant, simulateurs de vol, initiation en altitude dans un véritable cockpit d'avion, évocation d'une station orbitale : de quoi susciter de nombreuses vocations. Reste encore à s'asseoir **salle Louis-Lumière** pour visionner, muni de lunettes à filtre polarisant, un petit film en relief, ou dans la salle mobile du **Cinaxe**, dont les fauteuils reposent sur des vérins articulés en fonction des mouvements correspondants sur l'écran. Sans même parler de la **médiathèque Enfance**, qui propose en libre accès cédéroms, vidéos, albums et documentaires, ni du cinéma **Les Shadoks** et de ses documentaires junior gratuits. On l'aura compris : à la Villette, on peut venir tous les dimanches sans s'ennuyer !

● **Malin !**
Le simulateur de vol est en principe réservé aux plus de 12 ans, mais un enfant de 9-10 ans accompagné de ses parents ou d'un(e) aîné(e) ne sera pas refusé...

ESPACE SPORTIF PAILLERON

32, rue Édouard-Pailleron, 19e • M° Bolivar ou Jean-Jaurès
Tél. 01 40 40 27 70

Piscine : 3,10 € • Patinoire : 4 €

pailleron19.com

Jouer dans l'eau à prix d'ami

Deux bassins, dont un de 33 m de long et sa boule à vagues, une pataugeoire avec jets d'eau et toboggan à bascule, un solarium pour l'été, une patinoire de 800 m^2 pour l'hiver – ou, pourquoi pas, en toute saison. Voilà qui mérite que l'on délaisse sa piscine habituelle pour tester en famille ce bel équipement sportif municipal. On y passe volontiers la matinée – moins chargée que l'après-midi –, tant le lieu est agréablement rénové. Les adultes peuvent même en profiter pour s'offrir une petite remise en forme, en passant du bassin massant au plateau de musculation et cardio-training, avant de finir par un sauna.

L'ARGONAUTE

Cité des Sciences et de l'Industrie • 30, avenue Corentin-Cariou, 19e
M° Porte-de-la-Villette • Tél. 01 40 05 80 00 • Du mardi au samedi
de 10h à 17h30, le dimanche jusqu'à 18h30

Adultes : 3 €

cite-sciences.fr

20 000 lieues sous la Seine

Visiter un sous-marin en plein Paris ? C'est possible dans le parc de la Villette, où trône l'Argonaute. Ce bâtiment, qui fut en son temps l'un des fleurons de la Marine nationale, offre une occasion unique de voir de l'intérieur le monde très secret des insubmersibles. Muni d'un audioguide, on découvre le poste arrière, avec ses couchettes superposées et son moteur, le poste central et sa lumière rouge qui permet aux sous-mariniers de garder les pupilles dilatées, le carré des officiers et, dans le poste avant, les couchettes de l'équipage voisinant avec les tubes contenant des torpilles. À la sortie, une exposition permanente rassemble une vingtaine de maquettes de sous-marins prestigieux. On peut aussi y écouter, grâce à un écran tactile, les bruits des grands fonds et apprendre à piloter un sous-marin sur ordinateur. Une expérience rare.

LA GÉODE

Parc de la Villette • 26, avenue Corentin-Cariou, 19ᵉ
M° Porte-de-la-Villette • Tél. 01 40 05 79 99
Tous les jours de 10h30 à 20h30, séance toutes les heures
À partir de 3 ans • Interdit aux femmes enceintes de plus de 6 mois

Adultes : 12 € • - 25 ans : 9 € (en semaine)
Réservation payante conseillée au 0 892 68 45 40 ou sur allocine.fr

lageode.fr

Des images plein les yeux

Tiens, et si on se faisait une toile ? Ou plutôt un écran. Hémisphérique. Peu importe le choix du film car, sous la boule miroir de la Géode, ce qui compte d'abord, c'est d'en avoir plein les yeux. Assis sur des sièges en gradins, on goûte une projection à 180°, selon le procédé Imax, en son numérique et, pour certains films, en relief. Résultat, on a l'impression de voler, de nager, de plonger avec la caméra qui joue de cet effet spectaculaire. Au programme, des documentaires animaliers, scientifiques ou géographiques qui permettent d'exploiter au mieux les possibilités techniques de la salle. La plupart peuvent être vus par les plus jeunes, à condition qu'ils ne soient pas trop sensibles à l'inclinaison des sièges – les cas de nausée ne sont pas rares. Avant de quitter la salle, ne pas manquer de jeter un coup d'œil, à travers la vitre, à la salle de projection pour admirer les bobines gigantesques, au déroulement... horizontal !

Parc de la Villette

Accès par l'avenue Jean-Jaurès, 19ᵉ • Mᵒ Porte-de-Pantin

Jardin des Dunes et des Vents : du 1ᵉʳ avril au 31 octobre inclus, tous les jours de 10h à 20h. Du 1ᵉʳ novembre au 31 mars les mercredis, week-ends, jours fériés et tous les jours en période de vacances scolaires de 10h à la tombée de la nuit • Accès libre

Promenade des Jardins passagers : samedi et dimanche de 15h à 19h de mai à septembre • Visite guidée gratuite à 17h

villette.com

Trois décennies après son ouverture, le parc de la Villette dessiné par Bernard Tschumi demeure un des pôles d'attraction des week-ends parisiens. Ses 55 hectares, sa conception originale, ses 26 Folies rouges rythmant l'espace et ses jardins à surprises sont autant de gages d'une sortie réussie. Difficile de ne pas sacrifier, pour commencer, aux plaisirs du jardin des Dunes et des Vents, face à la Grande Halle. Entre ses différents espaces conçus par tranche d'âge, on circule librement. Soufflets et éoliennes à pédales, grandes roues creuses propices aux acrobaties, poulie, sable, échelles, balançoires : il y en a pour tous les goûts. Au bout du jardin, une longue pelouse autorise le farniente. En sortant, on peut exercer son équilibre sur les agrès du jardin des Voltiges, courir dans la prairie du Cercle ou celle du Triangle, ou encore glisser dans l'immense langue-tobbogan du Jardin du Dragon. Les botanistes amateurs, eux, participeront en famille à la promenade guidée des Jardins passagers, enclos pédagogiques où les enfants des écoles ou des ateliers du parc font pousser plantes, fruits et légumes bio.

Parc des Buttes-Chaumont

Accès par la rue Manin ou la rue Botzaris, 19e
M° Botzaris ou Buttes-Chaumont
Tous les jours de 7h à 21h, jusqu'à 22h en été
Accès libre
paris.fr

On passe volontiers la journée dans ce vaste poumon vert créé par Haussmann, auquel ne manque aucun des attributs du parc d'agrément romantique : relief escarpé, beaux arbres, grotte, cascade, passerelle, lac, île rocheuse surmontée d'un temple… Mais ce qui passionnera le plus les petits, ce sont ses multiples animations : deux aires de jeux, dont une célèbre pêche à la ligne, des promenades à dos de poney ou d'âne, un manège, une piste de patins et rollers, des balançoires, des gaufres et des glaces à gogo, et deux Guignols en plein air : le premier, le **Guignol Anatole** (Tél. 01 40 30 97 60), face à la mairie du 19e, est l'héritier d'une longue lignée initiée au début du XIXe siècle par un marionnettiste lyonnais. Le second, le **Guignol de Paris** (Tél. 06 98 99 66 24), situé du côté de l'avenue Simon-Bolivar, est tenu de père en fils depuis cent ans. De quoi passer des moments inoubliables.

PHILHARMONIE DE PARIS

221, avenue Jean-Jaurès, 19e
M° Porte-de-Pantin • Tél. 01 44 84 44 84
Du mardi au samedi de 12h à 18h, le dimanche de 10h à 18h

Adultes : 7 € • - 26 ans : gratuit • Audioguide junior et adulte,
livret illustré : gratuit

Initiation à l'univers musical pour les 4-6 ans le mercredi
Visites-ateliers pour les 4-6 ans et pour les 7-11 ans
autour de différents thèmes, plusieurs fois par mois
Accès libre à la médiathèque (Tél. 01 44 84 89 45),
consultation sur place

philharmoniedeparis.fr

Toutes les musiques, de Lully à Bowie

La Philармonie de Paris a ouvert début 2015 et regroupe désormais le **musée de la Musique,** trois magnifiques salles de concert ainsi que de nombreux équipements. À la Philharmonie 1 (dans le superbe bâtiment signé Jean Nouvel), comme dans l'ancienne Cité de la Musique (appelée Philharmonie 2 et due à Christian de Portzamparc), les enfants et les familles sont plus que jamais à l'honneur. Le musée renferme notamment une collection de mille instruments, tableaux et maquettes, l'une des plus importantes au monde, qui se découvre muni d'un casque. L'audioguide se déclenche automatiquement devant certaines vitrines, faisant entendre un court extrait musical qui met en scène l'instrument exposé. L'axe principal est celui de la musique européenne du XVIe au XIXe siècle, mais les autres époques et styles sont représentés. La surprise vient des instruments extraordinaires, comme ce curieux cornet à bouquin à tête de dragon, cette étonnante guitare-tortue faite dans une carapace, cette imposante octobasse de 3,45 m de haut ou ce violon miniature que portaient dans leur poche les maîtres à danser. Avant de partir, les curieux peuvent faire un tour à l'**espace Jeunesse** de la **médiathèque,** où, assis par terre ou lové sur un canapé, l'on écoute les très nombreux CD et DVD musicaux mis à disposition.

● **Malin!**
Faire coïncider la visite avec les concerts proposés sur les instruments historiques du musée ou sur des copies, et suivre une visite en famille complétée par un atelier musical avec des instruments du monde entier.

Musique, toute !

Écouter la musique, c'est bien ; la comprendre, c'est encore mieux. Depuis que Jeanine Roze a eu l'idée, il y a vingt-cinq ans, d'occuper les enfants en musique pendant que leurs parents allaient au concert, la formule a fait florès.

Aujourd'hui, le mélomane en culotte courte et ses parents ont le choix. Ils peuvent retrouver les ateliers jeune public de Jeanine Roze au **Théâtre des Champs-Elysées**, qui propose gratuitement le dimanche matin aux 5-9 ans une dizaine de séances ludo-musicales, tandis que leurs parents assistent au concert (plus quelques concerts en famille au cours de l'année).

Ils peuvent aussi fréquenter la **Maison de la Radio** dont les deux orchestres (le National et le Philharmonique) proposent plusieurs samedis par mois des concerts-spectacles très pédagogiques, dont les fameuses "Clés de l'orchestre" de Jean-François Zygel. À moins qu'ils ne préfèrent les ors de la salle Favart, à l'**Opéra-Comique** où plusieurs mercredis dans l'année, des concerts pédagogiques ou des contes musicaux sont programmés en lien avec l'œuvre à l'affiche.

Salle Gaveau, les "Marmots à Gaveau" offrent un dimanche par mois des spectacles musicaux suivis d'ateliers en famille : façon éveil musical pour les 3-5 ans et version instrumentale dès 6 ans.

Plus confidentiels, les **"Concerts du mercredi"** créés par Marianne Vourch délivrent plusieurs fois par an, dans le beau cadre du collège des Bernardins, une véritable leçon de musique avec présentation du contexte de l'œuvre, miniconcert par de jeunes musiciens et diaporama, autour d'un répertoire pointu qui va jusqu'au jazz.

L'éventail le plus large, en la matière, est celui de la nouvelle **Philharmonie de Paris**: dès 3 mois les tout-petits sont éveillés aux explorations sonores au cours d'ateliers et de minispectacles; dès 3 ans, ils ont à leur disposition tout un panel d'activités, de l'atelier de pratique musicale en famille (y compris de guitare électrique ou de chant choral de tubes de la pop!) aux concerts et spectacles jeune public. Certains dimanches après-midi, on garde même les 3-10 ans au cours de "Récréations musicales", durant le concert auquel assistent leurs parents.

Enfin, si l'on préfère décidément le jazz, on fréquente les dimanches d'octobre à avril les **"Goûters jazz"** du **Sunset-Sunside**, un vrai club à l'ancienne où dès 3 ans on apprend, en *live* bien sûr, à reconnaître les thèmes et les styles interprétés par des musiciens 100% jazzy.

Pour plus d'infos, consultez:

theatredeschampselysees.com
radiofrance.fr
operacomique.com
lesconcertsdumercredi.com
philharmoniedeparis.fr
sunset-sunside.com

20ᵉ ARRONDISSEMENT

Jardin naturel

120, rue de la Réunion, 20ᵉ • M° Alexandre-Dumas
Du lundi au vendredi de 7h30 à 17h45 ou 22h selon la saison,
ouverture à 9h samedi et dimanche
Accès libre
paris.fr

Envie de nature en pleine ville ? En contrebas du cimetière du Père-Lachaise, le Jardin naturel est un secret bien gardé. Ses 6 500 m² de verdure divisés en cinq espaces – un sous-bois, une prairie, une friche urbaine, des treillages et murets et une mare – abritent une flore indigène peu fréquente en ville, héritière des plantes sauvages qui poussaient là autrefois : camomilles, anémones, jacinthes des bois, campanules ou hellébores fétides – toxiques ! –, tout pousse et se renouvelle naturellement, dans le respect de l'équilibre écologique, sans arrosage ni engrais. L'herbe est fauchée deux fois par an, les tailles des arbres sont limitées, les feuilles mortes se recyclent pour engraisser la terre. Des panneaux plantés dans le sol aident à repérer les noms des arbres, et l'on peut passer de longs moments, penché sur la mare, à observer les plantes et animaux aquatiques. Quatre dimanches par an, des rallyes à thème gratuits sont organisés par le service Paris-Nature pour les familles.

Parc de Belleville

Accès par les rues des Couronnes, Piat, Julien-Lacroix
ou Jouye-Rouve, 20ᵉ • Mᵒ Couronnes, Belleville ou Pyrénées
Du lundi au vendredi de 8h à 17h45 ou 21h30 selon la saison
Ouverture à 9h samedi et dimanche
Accès libre
paris.fr

Altitude : 108 m. Le plus escarpé des parcs parisiens offre aux promeneurs la grisante impression, depuis la terrasse belvédère, d'avoir Paris à leurs pieds. Côté attractions, le parc de Belleville est tout aussi séduisant. De belles pelouses – en pente –, autorisées, quelques pieds de vigne rappelant les guinguettes d'antan, un espace pour les jeux de ballon, une cascade de 100 m de dénivelé, autour de laquelle on s'assoit l'été et terminée par une aire de jeux pour les tout-petits, et, surtout, pour les plus de 6 ans, une aire de jeux en bois et à flanc de pente, à l'audace révolutionnaire. À la fois cabane, falaise et navire, elle s'escalade par une pente de 12 m à 30°, en trois paliers, le long de la rue des Couronnes. Avec des cordes à utiliser en rappel ou comme lianes, des pentes raides, des cachettes pour jouer et une tour en hauteur pour guetter, elle fait du parc de Belleville une destination très prisée, le dimanche, des familles du quartier.

INDEX ALPHABÉTIQUE

Toute la collection

Paris est à nous !

sur
parigramme.com

Certifié PEFC

Ce produit est issu
de forêts gérées
durablement et de
sources contrôlées.

PEFC™
10-31-1470   pefc-france.org

Édition : Sandrine Gulbenkian et Mathilde Kressmann
Avec la collaboration de Mathilde Bouron
Relecture-correction : Aude Gandiol
Direction artistique et couverture : Isabelle Chemin

ISBN : 978-2-84096-953-2
Dépôt légal : avril 2015
Achevé d'imprimer en France en avril 2015
N° d'impression : 12533140407